CONNECTION TECHNOLOGY AND SEISMIC DESIGN OF PREFABRICATED STEEL-CONCRETE COMPOSITE BRIDGE PIER

装配式钢-混凝土组合桥墩连接
关键技术及抗震结构设计

隋伟宁　王占飞　著

化学工业出版社
·北京·

本书以装配式钢-混凝土组合桥墩与基础连接、桥墩柱之间的连接为研究对象，运用刚性法兰连接装配式圆形钢桥墩力学性能试验、横梁加固螺杆连接圆形钢桥墩的力学性能试验与有限元分析，对城市高架桥装配式钢桥墩设计及构造、城市高架桥装配式钢桥墩虚拟建造技术、钢桥梁抗震等内容进行了分析和讨论，针对关键施工技术，采用BIM虚拟技术手段，模拟了一座城市高架桥的建设过程，对类似桥梁施工具有一定的指导作用。

本书可供从事桥梁工程及相关专业科研机构工作者、设计工程师、施工技术人员及高校师生使用和参考。

图书在版编目（CIP）数据

装配式钢-混凝土组合桥墩连接关键技术及抗震结构设计/隋伟宁，王占飞著．—北京：化学工业出版社，2020.5（2023.1重印）
ISBN 978-7-122-36267-4

Ⅰ．①装… Ⅱ．①隋… ②王… Ⅲ．①装配式构件-钢筋混凝土结构-桥墩-连接技术②装配式构件-钢筋混凝土结构-桥墩-抗震结构-结构设计 Ⅳ．①U443.22

中国版本图书馆CIP数据核字（2020）第031682号

责任编辑：彭明兰　　装帧设计：韩　飞
责任校对：刘曦阳

出版发行：化学工业出版社（北京市东城区青年湖南街13号　邮政编码100011）
印　　装：大厂聚鑫印刷有限责任公司
880mm×1230mm　1/32　印张6　字数210千字
2023年1月北京第1版第2次印刷

购书咨询：010-64518888　　售后服务：010-64518899
网　　址：http://www.cip.com.cn
凡购买本书，如有缺损质量问题，本社销售中心负责调换。

定　　价：73.00元　

前言

PREFACE

本书针对城市快速干道高架桥梁的桥墩仍采用环境污染严重、施工期间阻碍交通、现场湿作业的传统钢筋混凝土桥墩或预应力混凝土桥墩的现状，提出了可采用具有节能环保的钢及钢-混凝土组合形式的桥墩。采用对已有成果调研、理论分析、试验与有限元研究相结合的方法，对钢-混凝土组合桥墩墩身之间连接和桥墩-基础连接的力学性能进行研究，并以实际工程为背景进行高架桥梁的抗震及连接构造计算与设计，同时利用 BIM 技术进行了施工模拟，提出了桥墩各构件安全可靠、方便施工的连接方式和抗震性能优良的桥墩结构形式。

本书首先通过查阅分析国内外相关资料得出：装配式钢桥墩与基础连接可以采用刚性法兰连接、横梁加固螺杆连接以及外包混凝土的连接形式，桥墩墩身之间可以采用焊接或者螺栓连接形式。然后以刚性法兰连接桥墩试件和横梁加固螺杆连接桥墩试件为研究对象，通过 8 个无偏心桥墩试件、8 个偏心桥墩试件的试验，100 多个有限元模型分析以及理论研究得出：刚性法兰连接桥墩虽然具有良好的抗震性能，但在基础与桥墩底部连接部分容易出现焊接裂缝、钢板撕裂等破坏，在高烈度地区应用需谨慎。该系列试验表明，随着混凝土填充率的增加，试件的极限承载力和延性增加；横梁加固螺杆连接的钢桥墩能够充分发挥钢桥墩和钢-混凝土组合桥墩的力学性能，无论无偏心桥墩还是有偏心桥墩都没有出现桥墩钢管母材被拉裂或焊缝开裂等现象，随着偏心距的增加，部分填充混凝土钢桥墩抗震性能降低。通过统计分析给出了偏压桥墩柱极限承载力和极限位移等抗震性能评价公式，为该类桥墩的应用奠定了理论基础，同时表明该连接方式安全可靠，适合桥墩装配式施工。最后通过高架桥梁桥墩的设计计算，钢桥墩与基础连接采用横向加劲梁螺杆形式连接，墩柱之间采用高强螺栓连接，在7度抗震设防地区的抗震要求下，无论是圆形钢桥墩还是矩形钢桥墩（根部钢管内部填充3.5m高混凝土的钢-混凝土组合桥墩），其抗震性能均满足要求。此外，又利用虚拟建造技术，更加深入地研究了该类桥墩在建造过程中的关键施工工序，提出了方便、合理的施工方案。

本书由沈阳建筑大学隋伟宁、王占飞撰写，参与编写的有张强、冯瑾、梁伟、张鑫、杨非凡。本书得到了沈阳市住房城乡建设局项目（SIW2018011）的大力支持，在此表示感谢。

由于笔者水平有限，本书中难免存在不妥之处，恳请广大读者批评指正。

著　者

2020年2月

装配式钢-混凝土组合桥墩连接关键技术及抗震结构设计

目录

CONTENTS

第1章 绪论

1.1 本书的背景和课题研究目的

随着国家大力推广装配式建筑以减少建筑垃圾和扬尘污染、缩短建造工期、提升工程质量，各大城市先后出台了《装配式建筑工程建设管理实施细则》《大力发展装配式建筑的工作方案》等相关政策，大力推动装配式建筑的发展。经过近些年的努力，形成了多部完整的装配式混凝土结构及钢结构建筑设计与施工的技术标准和规程，为各大城市发展装配式建筑奠定了坚实的基础，为实现国家提出装配率达到30%的目标提供了技术保障。

与房屋建筑装配化相比，各大城市在市政道路、市政桥梁方面的装配化设计与施工方面则稍显落后。目前，各大城市高架桥梁的桥墩仍然以钢筋混凝土及预应力混凝土桥墩为主，桥墩施工依然采用环境污染严重、施工期间阻碍交通、现场湿作业的传统施工作业方式。这在一定程度上减缓了施工进度，增加了城市环境的污染源，阻碍了城市交通基础设施建设的步伐。2016年，交通运输部印发了《关于推进公路钢结构桥梁建设的指导意见》，在意见中指出“要大力推广钢结构、组合结构桥梁的建设，提高桥梁品质，发挥钢及组合结构性能优势”。基于此，相关研究者提出了可在工厂进行构件加工、现场施工安装、绿色环保的装配式钢-混凝土组合桥墩连接关键技术及抗震结构设计。本书所研究的钢桥墩及钢-混凝土组合结构桥墩，其连接形式主要采用高强螺栓连接或部分焊接，在施工现场可实现100%的装配。典型装配式桥墩如图1.1所示。

(a) 圆形截面独柱钢桥墩

(b) 箱型截面框架钢桥墩

图1.1　典型装配式桥墩

1.2　国内外工程应用现状

装配式建筑最大的特点是能够在工厂里完成构件的制作，在施工现场进行组装。这种施工方法适应了我国现代工业化建造技术的发展趋势。装配式建筑在 20 世纪初便开始引起人们的兴趣，最早在英、法等国进行了尝试，此后在世界各地逐渐推广开来。

在国外，装配式建筑这个概念是由建筑师 Walter Gropius 首先提出。到了 1927 年，由美国著名建筑师 Richard 经过大量的项目设计和工程实践，提出了第一代多边形“最大限度利用能源住宅”的装配式住宅建筑。

我国装配式建筑技术最早在 20 世纪 50 年代开始出现，但由于工业水平较低，没有得到广泛的推广和应用。近些年，随着工业水平的提升以及现浇结构体系逐渐不能满足现代建筑建设的需要，“建筑工业化”“住宅产业化”浪潮再次掀起，预制装配式建筑发展进入黄金时期。

相比于装配式建筑技术在建筑领域的广泛应用，其在桥梁领域的应用要稍显落后。装配式建筑技术在桥梁领域的应用最早可以追溯到 20 世纪 40 年代初，为了能在水灾、地震等自然灾害中遭受破坏后快速恢复交通，欧洲最早出现了装配式桥梁，即贝雷梁钢桥。此种桥梁采用钢结构，由互换性构件组成，可以反复拆装、重复使用。早期各国学者和研究人员对装配式桥梁的研究多集中在上部结构，认为桥梁的破坏一般是上部结构发生破坏，但就自然灾害过后桥梁的破坏形式来看，不仅仅是上部结构，桥墩也遭受了严重的破坏，此后，装配式桥墩的概念应运而生。

20 世纪 60 年代，欧美国家在桥梁建设中开始大量使用装配式桥墩。1971 年美国首次将预制拼装桥墩技术应用于得克萨斯州 Corpus Christi JFK 堤道桥，此后装配式桥墩技术还应用于新泽西州的胜利大桥工程中；1992 年，美国修建了佛罗里达州爱迪生桥，此桥采用预制 H 形截面桥墩和 U 形墩帽，预制桥墩和墩帽之间采用钢筋灌浆耦合方式连接；1993 年建于日本的角岛大桥同样采用了预制构件拼装架设的施工技术，上部结构采用了预制 PC 梁体，下部结构采用了预制 PC 井筒拼装架设桥墩；1995 年，美国新奥尔良的 Pontchtrain 桥在施工中采用预制的圆柱和承台，施工工期仅用了 18 个月，大大缩短了施工工期；1997 年开工的索米尔河高架桥工程，桥墩采用预制预应力混凝土后张法施工技术，后张预应力钢绞线植入基础中，张拉完成后使用环氧树脂进行密封。2003 年建于美国贝尔维尤的东北第四、第六道路高架桥采用实体矩形预制混凝土桥墩，墩身为整体结构。

国内装配式桥墩应用较晚，近些年应用装配式桥墩技术建造的桥梁开始逐渐进入人们的视野。2003 年竣工的琶洲大桥，桥墩采用了预制拼装技术，将预制的桥墩构件、承台放在桩基预留的孔位处进行拼装；同年修建的上海沪闵高架桥采用全预制拼装技术，预制桥墩截面形式为箱型，根据不同位置采用单柱和双柱，为了确保混凝土表面质量，各个节段采用立式预制；2007 年贯通的杭州湾跨海大桥，采用独特新颖的桥墩拼装形式，很好地保证了工程质量；2008 年竣工的上海长江大桥，在深水区采用预制拼装桥墩，由于节段较长采用立式预制，达到了预制效果；2018 年 10 月建成的港珠澳大桥同样采用了节段拼装桥墩。上述实际工程的应用很好地引领了装配式桥墩技术走向成熟，然而目前针对装配式桥墩相关技术的研究还远远不够，尤其是关于钢结构形式的桥墩，如何科学合理地进行装配式设计与建造，国内外研究及工程应用还相对较少。

1.3 国内外研究现状

当前国内外学者针对装配式桥墩关键技术和结构体系主要采用了

拟静力试验和数值模拟的方法开展了一些相关的研究。

在拟静力试验研究方面，1997 年，Mander 和 Cheng 对允许绕墩底转动的无黏结后张预应力桥墩的抗震性能进行了研究，研究结果表明，摇摆式体系的装配式桥墩具有很好的变形复位能力，试验中试件的残余位移接近于零；2007 年，欧昱辰等进行了节段拼装桥墩的拟静力试验，试验研究表明，桥墩试件的极限偏移率能够满足节段拼装桥墩在高烈度区的抗震需求。

2000 年，Lin 和 Mo 等进行了两组节段拼装桥墩的拟静力试验，试验结果表明，采用墩柱节段用预应力筋与基础连接、墩底节段与基座整体现浇的连接方式，其耗能能力与现浇桥墩基本相当，墩身阶段之间的剪切滑移现象由于受到剪力键的限制而不太明显。2012 年，El Gawady 等对两组单柱及两组双柱节段拼装桥墩进行试验研究，试验主要研究纤维增强复合材料约束混凝土对节段拼装桥墩抗震性能的影响。试验结果表明，外置阻尼器会增加试件的损伤程度和残余位移；节段拼装桥墩较传统现浇桥墩残余位移要小，强度要高。

2002 年，Hewes 等对四个大比例尺的拼装桥墩试件进行了拟静力试验的研究，墩柱采用的是圆形截面的形式，接缝用环氧树脂胶结，研究了初始预应力的大小、预应力筋配筋率、墩柱剪跨比等对试件抗震性能的影响。2017 年，王占飞等对四个试件在偏心受压及横桥向往复荷载作用下部分填充混凝土圆形钢桥墩力学性能进行了研究，结果表明内填混凝土对钢桥墩柱试件的承载力和延性性能有很好的补强效果。

2008 年，刘丰等对现浇式、承插式、节段式桥墩试件进行了试验研究，试验结果表明，承插式与现浇式桥墩试件的破坏形态均是弯曲破坏为主，无预应力筋桥墩试件滞回环饱满，有预应力筋桥墩试件滞回环饱满程度低，但复位能力强。节段式桥墩试件破坏集中在接缝处，纵筋未发生屈曲现象。2009 年，葛继平等也对五种桥墩试件进行了振动台试验研究，结果表明节段式桥墩试件破坏集中在墩底接缝处，塑性铰区节段无明显损伤。当增大输入地震波加速度的幅值时，节段接缝张开，墩身表现出明显的摇摆现象。耗能钢筋可以有效增加试件的侧向刚度，延迟接缝张开。

在有限元数值模拟研究方面同样取得了一些成果。2010 年，布占宇等采用纤维单元模型的方法对无黏结预应力节段拼装桥墩进行了数值模拟，模拟结果表明轴压比是影响屈服荷载、极限荷载和耗能能力的重要因素，屈服荷载、极限荷载和累积耗能能力随配筋率增大而提高。

2012 年，虎良等研究了节段拼装钢管混凝土桥墩的抗震性能，基于 OpenSees 平台建立了桥墩的纤维单元模型，通过对经典试验模型的验证与分析，探讨了影响桥墩抗震性能的因素。

2015 年，汪立立等采用 Midas Civil 有限元软件对现浇桥墩、干接缝、胶接缝及湿接拼装桥墩试件进行分析。分析结果表明，在多种工况下，各组桥墩试件的应力均在规范允许范围内，装配式桥墩技术能够达到预定工况下的应力要求。

综上所述，装配式钢-混凝土组合桥墩的研究与应用目前仍处于落后状态，业界人士认为钢-混凝土组合结构本身就是装配式无需进行研究。但实际上由于钢-混凝土组合桥墩截面尺寸较大，墩柱与墩柱之间的连接、墩柱和墩上盖梁部位的连接均需要在现场操作，采用何种连接方式以及桥墩整体结构的力学及抗震性能如何是该类桥墩实现装配化的关键技术问题之一。

1.4 本书研究的内容

本书针对城市高架桥梁的桥墩仍然采用环境污染严重、施工期间阻碍交通、现场湿作业的传统钢筋混凝土桥墩或预应力混凝土桥墩的现状，提出了可采用节能环保的钢-混凝土组合形式桥墩，旨在提出桥墩各构件安全可靠、方便施工的连接和抗震性能优良的桥墩结构形式。研究采用已有成果调研、理论分析、试验研究相结合的方法，对钢-混凝土组合桥墩墩身之间连接和桥墩-基础连接的力学性能进行研究，对包括独柱墩、偏心墩等多种桥墩类型的相关力学性能进行研究，建立钢-混凝土组合桥墩内填混凝土高度的计算公式，建立桥墩的极限承载力、极限位移与桥墩设计参数的关系，提出钢-混凝土组合桥墩与基础、盖梁等构造的连接方法，确立含有钢-混凝土组合桥墩高架桥结构体系抗震设计方法，为钢-混凝土组合桥墩的实际工程应用提供理论基础。结合实际工程，根据桥梁所处地区的地震设防烈度，采用装配式部分填充圆形钢桥墩和部分填充矩形钢桥墩进行装配式桥墩的抗震设计，墩身之间连接、墩身-基础连接的计算与设计。最后，采用 BIM 技术模拟了钢结构高架桥装配式施工建造过程，生动形象地展现了钢结构桥墩拼装连接过程，具体研究内容如下。

① 对国内外关于装配式钢桥墩的研究资料进行调查、归纳和总结，分析目前研究的热点、重点和难点，对装配式钢桥墩设计和施工中的连接技术进行了探究。

② 调研螺栓连接、焊接以及铆钉连接对钢结构构件力学性能的影响，给出典型桥墩关键部位的连接构造要求及方案；然后通过调研、理论分析和试验，研究非偏心装配式钢-混凝土组合桥墩、偏心装配式钢-混凝土组合桥墩在顺桥向和横桥向往复荷载作用下承载力和延性性能的影响规律，进而建立各类桥墩极限承载力及延性公式。

③ 采用有限元模拟的方法，建立含有装配式钢-混凝土组合桥墩高架桥的三维有限元模型，讨论桥墩偏心率、混凝土填充的有无等对钢-混凝土组合桥墩抗震性能的影响，建立装配式组合桥墩抗震评价指标，探讨其抗震评价方法。

④ 基于某实际工程，采用可装配式的部分填充混凝土钢结构桥

墩为该高架桥的桥墩形式，进行桥墩的抗震设计以及相关基础与墩身、墩身之间等的连接计算与设计。

⑤ 以某市政在建的钢结构高架桥及人行桥为背景，桥墩采用箱型截面钢结构或圆形截面独柱及框架钢桥墩，为更合理地进行桥墩的装配式施工，采用 BIM 模拟施工建造技术对桥梁的建设过程进行施工模拟。

第2章 钢桥墩与基础的连接构造

2.1 概述

在美国和日本等发达国家，装配式建筑和桥梁结构的发展较为领先。装配式结构的关键是其连接部位的构造和连接形式。美国从19世纪末期就开始研究装配式结构，并成立相关协会，长期进行装配式结构的研究和推广，并不断探索适用于装配式结构的有效连接方式。日本在装配式建筑的应用上已经达到较高水平，相关规范和行业标准也已经相当完善。我国土木相关行业的工业化和信息化发展相对落后，粗放式的设计理念和生产模式正在面临着严峻的考验。工业化的装配式结构是促进工业化转型升级，提高施工作业效率的有效途径。因此，大力发展装配式结构的同时，应不断开发并研究各种连接方式和其连接构件的构造形式，对其受力特性、耗能能力、延性等均应全面考察。

装配式结构通过工厂流水线工艺进行构件预制，现场采用机械设备进行组装连接，形成完整的受力整体，具有施工质量易保障、施工效率高、节能减排、环保高效等技术优势，是未来土木工程发展的重要建造方法。装配式工艺在建筑工程领域已经广泛发展，例如装配式住宅。然而，预制装配式桥梁尚处于初期发展阶段，且主要针对上部桥跨结构，对于桥墩等下部结构的装配式设计与建造技术，在我国尚处于研究探索阶段。随着我国桥梁建设技术的改进与发展，以及工业化建造理念的落实，越来越多的桥梁构件通过工厂标准化预制和现场机械化的安装，形成桥梁结构整体，改进了传统现场浇筑施工工艺，产生了良好的经济和环保效益，因此装配式工艺被视为桥梁设计与施工发展的主流方向。随着桥跨结构的预制标准化建造理念的发展，桥墩等下部结构也需要发展相应的预制装配式建造技术。桥墩的受力特性与桥跨结构显著不同，桥墩主要以承压为主，同时要求墩柱结构具有较好的延性和稳定性以抵抗突发地震作用。这就对桥墩和基础之间的连接方式的抗震性能提出了更高的要求，以满足相关设计规范的要求。

随着住房和城乡建设部授予沈阳市国家现代建筑产业化试点城市后，沈阳市推进现代建筑产业发展也进入了一个崭新的阶段。除在房屋建筑中实现装配化施工，沈阳市在城市基础设施建设过程中全面推广使用装配式建筑技术，例如，桥梁全预制工业化建造。其中，桥墩与基础的连接构造是装配式桥梁的重要组成部分，其关系到桥梁的施工效率、耐久性、整体受力和抗震性能等，在国内外得到越来越多的重视和应用。近几年，国内外学者对构件之间的连接形式做了大量的研究。

1991 年，Chen 和 Liu 针对刚性系杆连接进行研究分析，研究得到了半刚性连接的内力特征，证实了柔性连接对连接构件的内力和位移存在不利影响，并提出了弯矩转角关系理论公式。

1998 年，Goto 和 Chen 通过对杆件几何非线性及材料非线性进行研究，得出了以刚度方程控制的单元刚度矩阵，以及半刚性连接的切线刚度方程，进一步验证了杆件之间半刚性螺栓连接的刚度关系。

2002 年，Sang 和 Tae 提出了用来表达半刚性连接的弯矩转角关系的非线性模型，与从中得出的弯矩转角曲线以及对应的试验吻合较好。

2009 年，Ihaddoudene 和 Saidani 通过对使用螺栓连接的钢框架的力学模型进行研究分析，得到了关于不同半刚性连接结构的理论计算模型。

2010 年，董磊磊等通过顶底角钢全焊连接形式的数值模拟分析，并对其滞回曲线和抗震性能进行分析，得出了相关的影响因素以及破坏准则。

2013 年，潘朝阳等采用有限元分析方法对 3 种不同刚度的钢框架结构进行数值模拟分析，并对其耗能能力和延性进行分析，研究表明钢框架结构连接的受力性能与刚度有关。

2015 年，胡长娇对钢连接构件进行动力和拟静力试验研究，研究表明 T 形钢连接构件具有较好的延性性能和耗能性能。

2016 年，刘伟以角钢和外伸端板以全焊接连接形式为研究对象，基于三参数模型理论，对其连接构件的受力性能进行研究和分析，并进行了全尺寸的拟静力试验验证。

2017 年，龚世民对新开发的精轧螺纹钢连接形式进行研究，论证了该连接方法在桥梁施工中应用的可行性。

通过上述关于桥墩与基础的连接构造国内外研究现状的分析，下面分别就钢结构桥墩与基础的连接形式，如全焊接连接、栓焊混合连接、法兰螺栓连接、螺杆连接和外包混凝土连接等进行分析和论述。

2.2　全焊连接

全焊连接（图 2.1）是钢结构建筑节点中常见的一种连接方式，其具有施工方便、节省钢材、整体刚度大等优点，在钢结构的连接方式中一直扮演着举足轻重的角色。很久以来人们一直认为，全焊连接具有很好的韧性，在地震作用下可以充分发挥变形能力，吸收地震能量，保持结构稳定。

但是1994年美国北岭大地震和1995年日本阪神大地震改变了人们对全焊连接的看法。调查中发现，钢结构的脆性破坏主要发生在全焊接的接头处，且多为脆性破坏，一直被认为抗震性能卓越的全焊连接的钢结构在地震中并未像期望的那样形成塑性铰，起到耗散地震能量和保持结构完整的作用，而是遭到了严重的破坏。这主要是由于地震载荷、焊接位置处的应力和应变集中、接头韧性不足等因素交互作用而引起的。现行的抗震规范中要求钢结构构件连接位置处在地震中不发生严重破坏，并应具有一定的延性，能够吸收地震能量。全焊连接主要依赖于焊接钢材本身在复杂应力作用下的塑性变形能力。绝大部分钢材在因焊接而产生三向受拉的复杂应力状态下，更易产生脆性断裂。因此，在钢桥墩与基础连接上应该谨慎应用全焊接节点。

图2.1 全焊连接

2.3　栓焊混合连接

通常钢结构是通过焊接或螺栓连接等单一的连接形式进行连接，一个连接部位只采用一种连接方式。但是在很多实际工程中，由于强度的要求，或亦是尺寸的限制，单一的连接形式无法满足工程需要。这时通常会采用两种不同的连接方式共同承担荷载，这样的连接方式称为混合连接或者并用连接。在一个连接节点上采用角焊缝和高强螺栓共同作用，这样的连接形式称为栓焊混合连接（图 2.2）。比如桥梁加固工程中，通常增加一道连接焊缝，提高盖板连接的安全储备，降低对原有结构的影响。常见的栓焊混合连接结构包含端面角焊缝与高强螺栓并用连接、侧面角焊缝与高强螺栓并用连接，以及三面围焊与高强螺栓并用连接。栓焊混合连接具有焊接和高强螺栓两种连接方式的优点，并且弥补了各自的不足。混合连接结构中，焊缝连接的存在能够减少螺栓的使用数量，提高结构的连接刚度及承载能力。由此可见，栓焊混合连接也是一种有效的连接手段，在一定的条件下仍然可以应用，以达到最佳的效果。

图 2.2　栓焊混合连接

2.4　圆形柱法兰螺栓连接

圆形柱法兰螺栓连接顾名思义，即是用以连接圆形钢桥墩的连接形式，其按照构造上的不同，可分为两大类：有加劲肋和无加劲肋，如图 2.3 所示。有加劲肋法兰螺栓连接又称刚性法兰螺栓连接［图 2.3(a)］。刚性法兰螺栓连接因为焊接了加劲肋，整体的刚度增大，撬力作用受到了限制，提高了承载能力。但是焊缝较多，每个加劲肋与钢管和法兰板有纵向和横向四条焊缝，给连接部位造成了复杂的焊

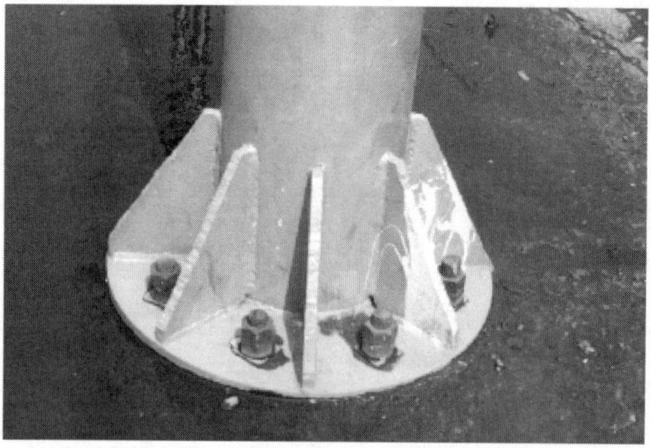

(a) 有加劲肋法兰螺栓连接(刚性连接)

(b) 无加劲肋法兰螺栓连接(柔性连接)

图 2.3　圆形柱法兰螺栓连接

接残余应力，对连接构件整体的延性可能会带来不利的影响。图 2.4 和图 2.5 表示的是桥墩柱与基础刚性法兰连接在外荷载作用下典型的破坏特征。图 2.4 中刚性法兰连接钢桥墩由于在钢管上焊接过多的加劲肋，钢管受焊接热应力的影响，母材材质变脆，在荷载作用下，母材被拉裂。图 2.5 中刚性法兰连接由于钢管与端板焊接提前受荷，焊缝处被拉裂。上述的两种破坏形态是在刚性法兰连接中较容易出现的脆性破坏，在工程中应该给予足够的重视。无加劲肋的法兰螺栓连接又称为柔性法兰螺栓连接［图 2.3(b)］。柔性法兰螺栓连接只有钢圆柱和法兰板的圆形接触部位有圆环焊缝，所以节点受焊接残余应力的影响很小，而且柔性法兰螺栓连接制作简易、施工方便，法兰盘外形更加平整，造型也更美观。但是由于缺少加劲肋的支持，连接部位的刚度相对较低，在地震等荷载作用下，较之刚性节点，法兰盘更容易产生弯曲变形，加重撬力作用，影响连接构件的整体承载能力。为此，在钢管与基础的连接中很少采用柔性法兰螺栓连接。

图 2.4　圆形柱法兰螺栓连接加劲肋处钢管母材拉裂

图 2.5　圆形柱法兰螺栓连接柱根部裂缝开裂

2.5 方形柱法兰螺栓连接

同圆形柱法兰螺栓连接一样，方形柱法兰螺栓连接（图 2.6）也可以分为有加劲肋和无加劲肋，即刚性法兰螺栓连接和半刚性法兰螺栓连接两种形式。由于方形柱法兰连接本身的形状多样，所以法兰盘上的螺栓的布置方式也多种多样。圆形柱法兰连接的螺栓布置简单，一般沿圆周长均匀布置即可。而方形柱法兰螺栓连接的螺栓可以沿法兰板四周布置，也可以沿法兰板两侧布置，并且螺栓的排列方式也有多种方式。对于在法兰板两侧布置螺栓的法兰连接形式，国内外众多学者做了大量的研究，并得到了可信的成果，他们认为这类连接形式受力良好，有很好的刚度和承载能力。但是有加劲肋的方形柱法兰螺栓连接由于受焊缝的影响，同样也存在焊接残余应力的问题。大量焊缝的存在，使法兰盘的受力更加复杂，而且方形柱法兰连接的应力与

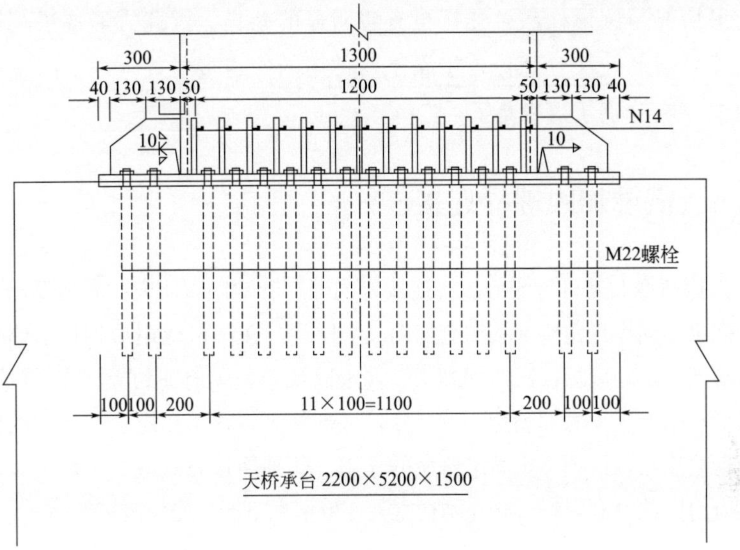

(a) 立面图

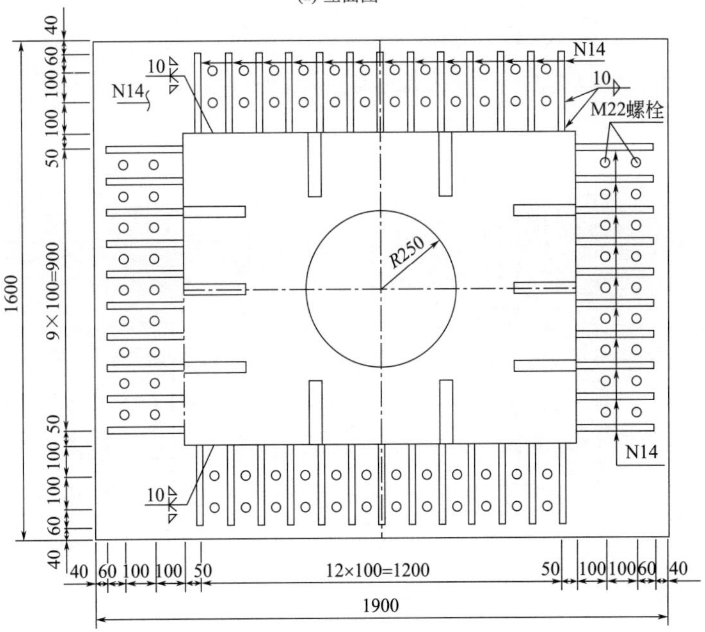

(b) 平面图

图 2.6　方形柱法兰螺栓连接示意图

变形情况与圆形柱法兰连接也有着明显的差异，因此方形柱法兰螺栓连接与圆形柱法兰螺栓连接属于两种不同的连接形式。在实际工程应用中，应分别予以考虑。

2.6 横梁加固螺杆连接

因桥墩与基础传统的法兰连接方式存在着缺陷，研究学者研发出了一种横梁加固螺杆连接，其构造如图 2.7 所示。在圆形或矩形钢桥墩侧壁距离端部一定距离焊接横向加劲板、端板以及墩底纵向加劲板，使得桥墩根部形成刚度较大的加劲梁，螺杆穿过底部加劲板，采用螺栓与桥墩的横向加劲梁连接，达到完全固定桥墩的作用。此种连接方式减少了焊接对母材热应力区的不利影响，防止结构在大变形情况下产生受拉破坏。

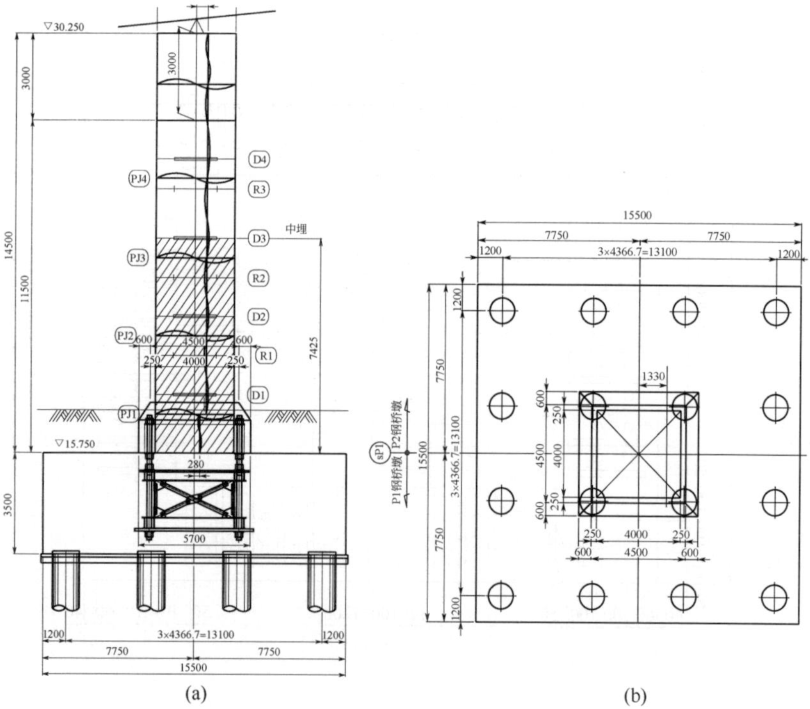

图 2.7 桥墩与基础横梁加固螺杆连接构造图

2.7　桥墩与基础外包混凝土连接

桥墩与基础外包混凝土连接也是工程应用中常用的一种连接构造，如图 2.8 所示。它主要是通过在桥墩四周绑扎钢筋形成钢筋骨架，然后浇筑混凝土将钢筋混凝土、桥墩、承台形成一个整体以共同工作，既能连接桥墩与基础，又能提高桥墩的横向刚度。但是由于其要求现场湿作业，对施工进度和环境也有一定的影响。

2.8　本章小结

通过查阅国内外相关资料，调查了关于钢桥墩与基础的连接结构形式，并对各连接结构形式的优缺点进行了详细的分析。通过分析可知，装配式钢桥墩与基础连接可以采用刚性法兰连接、横梁加固螺杆连接以及外包混凝土的连接形式，桥墩墩身之间可以采用焊接或者螺栓连接形式。

(a) 实际工程照片

图 2.8

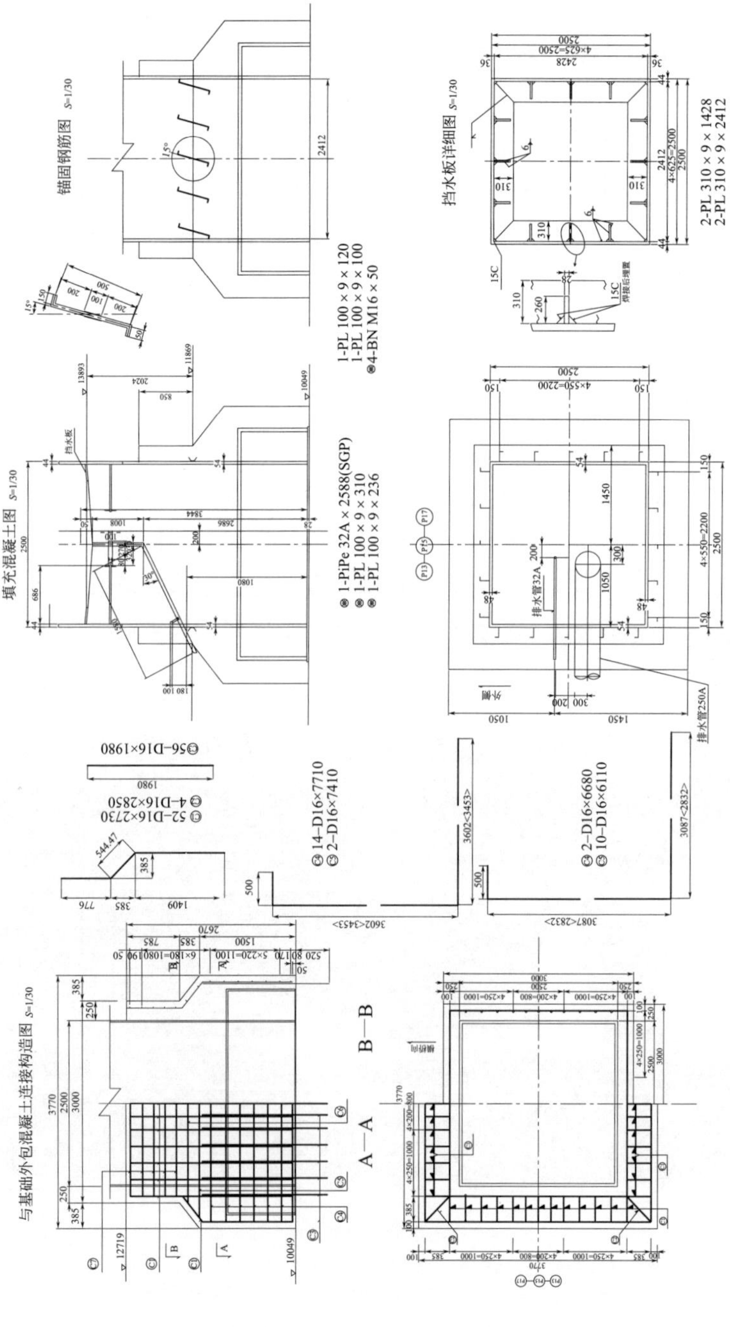

(b) 设计构造图

图 2.8 外包混凝土连接形式

第3章 刚性法兰连接装配式圆形钢桥墩力学性能试验研究

在第 2 章中，通过国内外调查可知，装配式钢桥墩与基础的连接形式有刚性法兰连接、横梁加固螺杆连接以及外包混凝土的连接形式，为了进一步了解和掌握各连接的可靠程度、力学性能以及抗震性能，在本章以及第 4 章分别对刚性法兰连接、横梁加固螺杆连接的部分填充混凝土圆形钢桥墩进行了拟静力力学性能试验。

3.1 刚性法兰连接钢桥墩柱试验概述

3.1.1 试件设计

试验设计并制作了 8 根带有横隔板的部分填充圆形钢管混凝土桥墩柱试验试件。试验主要考虑混凝土填充高度、桥墩的长细比 λ、径厚比 R_t 等参数对带有横隔板部分填充圆形钢管混凝土桥墩柱抗震性能的影响，因此在设计试件时，考虑其中两个参数不变，仅改变剩余一个参数的形式制作试件。参考国外现役钢桥墩长细比的调查结果，试验选取的 λ 取值在 0.20～0.40 范围内；而 R_t 大于日本桥梁抗震规范规定的 0.08 限值，取值在 0.11～0.15 范围内。试件具体几何尺寸和各设计参数数值见表 3.1。表中 L、R、t 分别代表试件的根部到水平加载装置的高度、钢管外半径和钢管厚度；H_0 为试件的混凝土填充高度；H_0/L 为试件的混凝土填充高度 H_0 与 L 的比值（以下称为混凝土的填充率）。试件编号前两位数字表示长细比，中间两位数字表示径厚比，后两位数字表示混凝土的填充率。λ 和 R_t 的数值参考日本桥梁抗震设计规范及钢桥设计规范求得。由于钢板的实测厚度、屈服强度等特性与设计结果有一定的误差，造成设计参数 λ 和 R_t 的数值与原设计略有不同。

表 3.1　试件的几何尺寸和各设计参数

试件编号	L/mm	R/mm	H_0/mm	t/mm	λ	R_t	H_0/L
A33-13-24	1900	200	450	3.7	0.33	0.13	0.24
A33-13-28	1900	200	540	3.7	0.33	0.13	0.28
A33-13-33	1900	200	630	3.7	0.33	0.13	0.33
A37-11-28	1900	200	540	5.5	0.37	0.11	0.28
A33-12-28	1900	220	540	5.5	0.33	0.12	0.28
A31-13-28	1900	240	540	5.5	0.31	0.13	0.28
A27-15-33	1700	220	560	3.7	0.27	0.15	0.33
A30-15-38	1900	220	720	3.7	0.30	0.15	0.38

3.1.2　试件制作

钢管是由钢板卷制焊接制成，在距钢管底部填充混凝土上方焊接一块 5.5mm 厚的横隔板，以保证部分填充混凝土的三向受压。钢管底部设置 20mm 厚带有加强肋的底板，顶部设置 14mm 厚的顶板，钢管顶部同样也采用了加强肋补强，钢管与横隔板、两端钢板采用角焊缝。焊缝设计满足试验时《钢结构设计规范》(GB 50017—2003) 的要求。钢管内填的混凝土采用 P·O42.5 普通硅酸盐水泥、5～15mm 粒径的碎石骨料、天然河砂以及水混合搅拌而成。其配合比为水泥∶砂∶碎石∶水＝1∶2.01∶4.11∶0.85。

3.1.3　材质试验

试件加工完后，按照试验时国家标准《金属材料　拉伸试验　第 1

部分：室温试验方法》(GB/T 228.1—2010) 对钢管所用的钢材进行了标准拉伸试验，其试验测得的屈服强度 f_y、极限强度 f_u、弹性模量 E_s、泊松比 ν 等试验结果见表3.2。另外，在混凝土搅拌过程中制作了5个边长为150mm的标准混凝土立方体试块，养护28d后，进行了混凝土抗压强度试验。5个立方体试块抗压强度平均值 f_{cu} 为24.0MPa。

表3.2　钢材材料特性

板厚/mm	屈服强度 f_y/MPa	极限强度 f_u/MPa	弹性模量 E_s/MPa	泊松比 ν
3.7	317	430	2.13×10^5	0.305
5.5	340	431	1.86×10^5	0.289

3.2　试验与监测

3.2.1　加载制度与装置

试验首先在桥墩柱顶部施加不变轴力（$P=0.15P_y$，P_y 为试件钢管屈服轴力），然后在水平方向施加低周往复荷载。为了实现上述加载方式，利用试验室3000kN的自反力架，通过在反力架加载梁上安装可水平滑动的1000kN液压式千斤顶对试件施加竖向荷载。水平往复荷载由固定在竖向反力墙上的500kN MTS液压作动器施加，试验加载装置如图3.1所示。

试验全程采用位移控制加载，试件在弹性阶段采用小位移滞回，每级循环1次，当荷载-位移曲线有明显的拐点即达到屈服位移后，按1倍的屈服位移和1.5倍的屈服位移施加荷载，每级循环3次，其后均以0.5倍的屈服位移量施加荷载。当荷载下降到最大荷载的85%或试件焊缝开裂时，终止试验。试验试件及测点布置如图3.2所示。

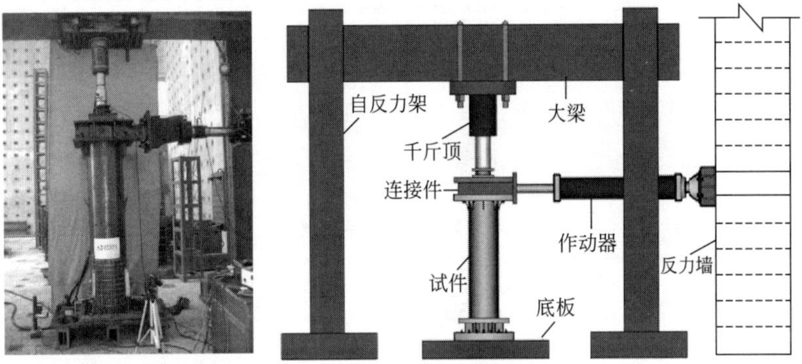

(a) 试验加载装置照片　　(b) 试验加载示意

图 3.1　试验加载装置照片及示意

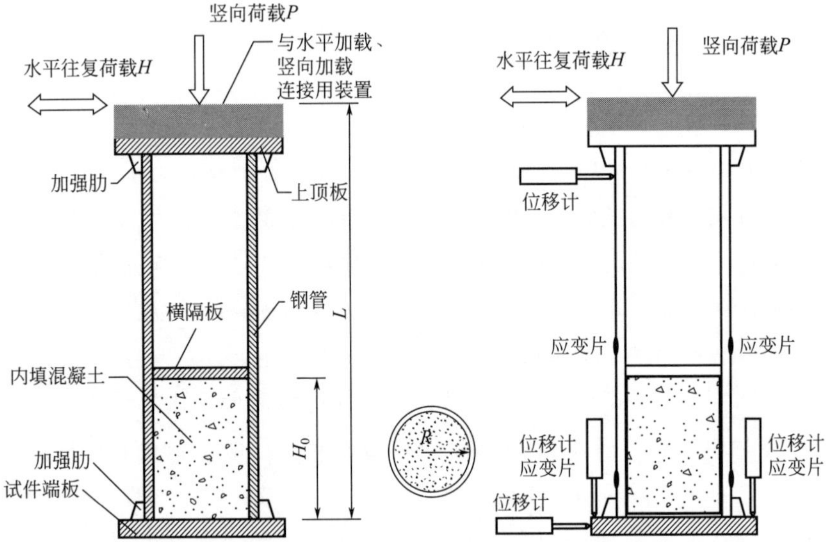

(a) 试件示意　　(b) 试验测点布置

图 3.2　试验试件及测点布置示意

3.2.2 位移监测与应变监测

为了了解试件在加载过程中的受力变化及消除试验装置带来的位移误差，在试件上布置了应变片和位移计。位移计与应变片的具体布置如图 3.2 所示，分别在试件底板竖直方向设置 2 个位移计，水平方向上设置 2 个位移计，同时在试件顶板下 100mm 处设置 2 个位移计。距离试件根部及横隔板上方 50mm 处分别设置了横向和纵向电阻应变片。

3.3 试验结果

3.3.1 试验现象与分析

本次共进行 8 个试件的试验，以试件 A33-13-33 和 A33-12-28 为例，对部分填充圆形钢管混凝土桥墩柱试件的试验过程及破坏现象进行描述。

(1) 试件 A33-13-33 试验过程

在试验加载过程中发现：当位移加载到 $1\delta_y$(30mm) 时，前后两侧的焊接肋有轻微开裂现象。在位移继续增加达到 $1.5\delta_y$(45mm) 时，试件并没有出现明显的变形，试件的承载力继续上升。当加载到 $2\delta_y$(60mm) 时，在焊接肋处有“噼啪”声传来，此时试验过程中有轻微的刚体位移。当位移加载到 $2.5\delta_y$(75mm) 时，钢管后侧（受拉区）的焊接肋与钢管开始发生开裂，在反向加载过程中，开裂后的肋与钢管联合在一起，继续承担荷载，此时试件的承载力没有下降，在达到反向最大位移时，焊接肋均匀开裂，肋下已经形成通缝。当达到 $3\delta_y$(90mm) 时，钢管后侧的焊接肋与钢管的焊缝全开，但此时钢管的承载力并没有下降，试件没有明显的屈曲变形。在往 3.5δ_y（105mm）加载的过程中，底板焊缝被拉开，试件承载力突然下降，停止试验。试件破坏形态如图 3.3 所示。

图 3.3 试件 A33-13-33 试验破坏形态

（2）试件 A33-12-28 试验过程

加载初期，试件处于弹性阶段，试件没有明显的屈曲变形，直到 P-δ 曲线出现拐点时，认为试件开始屈服，此时的位移为屈服位移 δ_y。当达到屈服位移 δ_y（50mm）时，试件没有明显的屈曲变形，可以听见晶体在力的作用下破坏的声音。当位移继续增大达到 1.5δ_y（75mm）时，试件没有明显的变形，而随着位移的增大可以发现钢管前后两侧的焊接肋有轻微开裂的现象。在达到 2δ_y（100mm）时，混凝土的上部和下部的钢管处没有出现鼓曲变形的迹象，此时可以听见混凝土被挤压发出的声音。在 2.5δ_y（125mm）时，钢管前后两侧的肋均有不同程度的同底板和钢管的开裂情况，但在加载的过程中，试件的承载力并没有下降。在屈服位移达到 $3\delta_y$（150mm）时，钢管底部的焊接肋已经全部开裂，形成通缝，此时试件没有出现明显的屈曲变形和承载力下降的现象。在向 $3.5\delta_y$（175mm）加载的过程中，钢管底部的焊缝被突然拉开，导致试件承载力也突然下降，试件发生脆性破坏，试验终止。试件的破坏形态如图 3.4 所示。

图 3.4　试件 A33-12-28 试验破坏形态

3.3.2　水平力-水平位移试验结果

（1）滞回曲线

各试件水平荷载-位移滞回曲线如图 3.5 所示，图中横坐标为水平位移，纵坐标为水平荷载。

由图 3.5(a)、图 3.5(b) 和图 3.5(d) 可知，试件达到承载力后迅速下降，延性较差，位移延性系数（最大承载力所对应位移与屈服承载力所对应位移之比）均未达到 3；该类试件的破坏形态为在横隔板上方钢管发生局部失稳，变形过大，丧失承载力。另一类是在填充混凝土区域，试件根部钢管先发生微小的局部变形，然后钢管与加劲肋或加劲肋与底板之间焊缝开裂，最后钢管被撕裂丧失承载力而破坏，这类试件试验所得到的水平荷载-位移滞回曲线，除试件 A27-15-33［图 3.5（g）］外均表现出良好的滞回性能及延性，它们的水平荷载-位移滞回曲线如图 3.5(c)、(e)、(f)、(h) 所示。

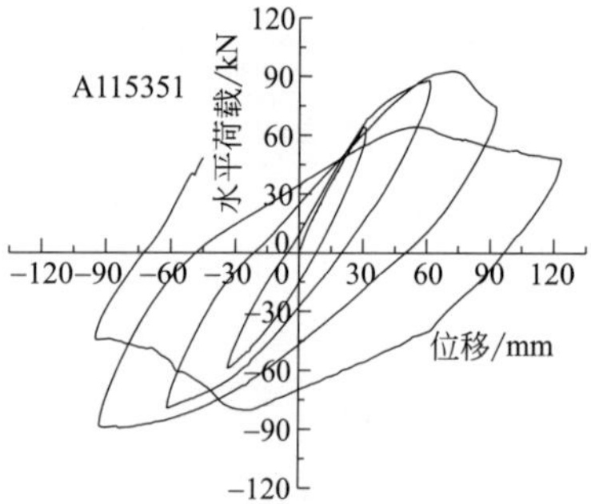

(a) 试件A33-13-24

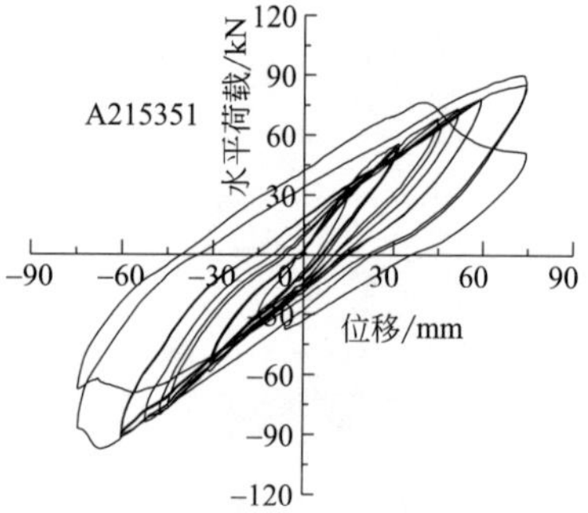

(b) 试件A33-13-28

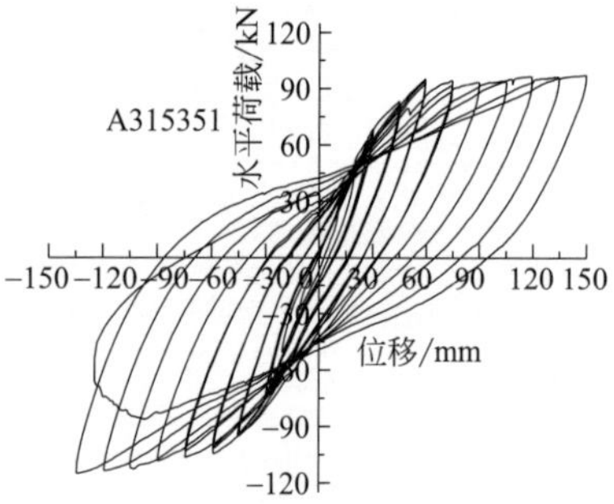

(c) 试件A33-13-33

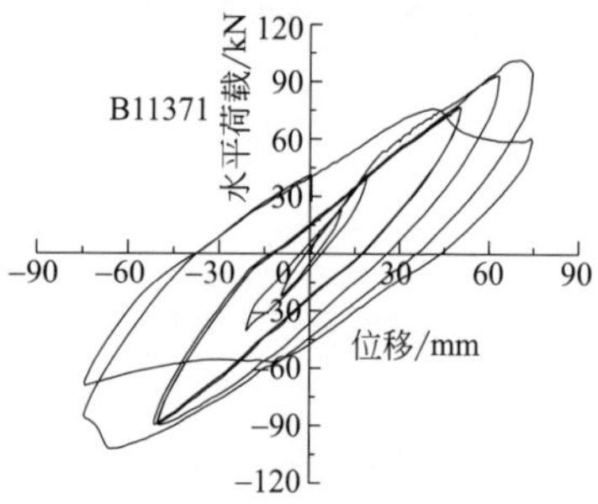

(d) 试件A37-11-28

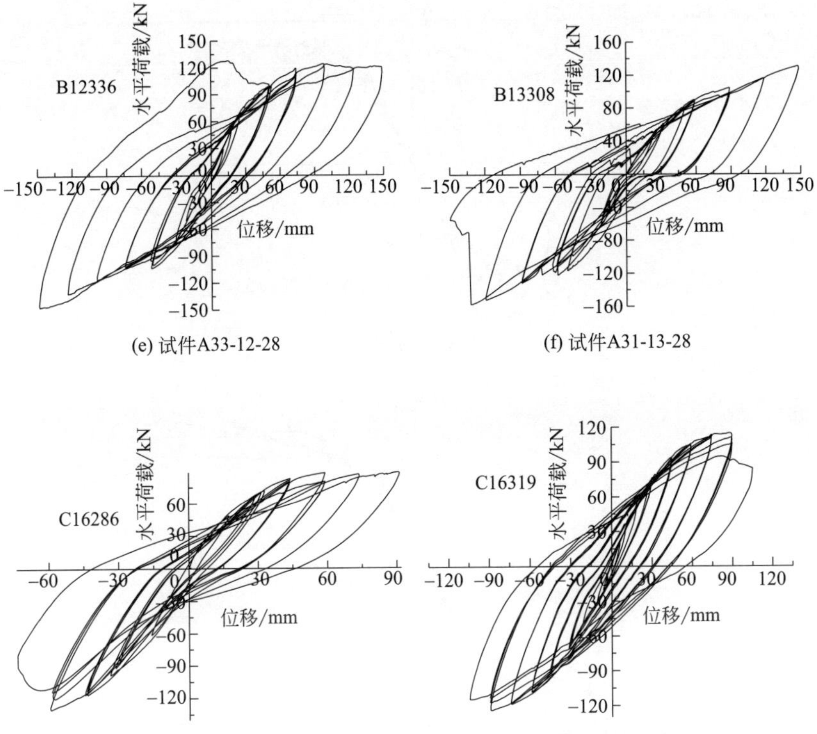

(e) 试件A33-12-28　　(f) 试件A31-13-28

(g) 试件A27-15-33　　(h) 试件A30-15-38

图 3.5　试件水平荷载-位移滞回曲线

（2）骨架曲线

为便于分析混凝土填充率 H_0/L、试件长细比 λ、径厚比 R_t 对该类桥墩抗震性能的影响，对 8 个试件在往复荷载作用下的水平荷载-位移滞回曲线取每级加载峰值包络即试件的骨架曲线进行单参数分析，骨架曲线结果如图 3.6 所示。

图 3.6(a) 为长细比 λ 为 0.33，径厚比 R_t 为 0.15，混凝土填充率分别为 0.24、0.28、0.33 的 3 个试件水平荷载-水平位移骨架曲线对比。由图 3.6(a) 可知，随着混凝土填充高度的增加，试件的初期

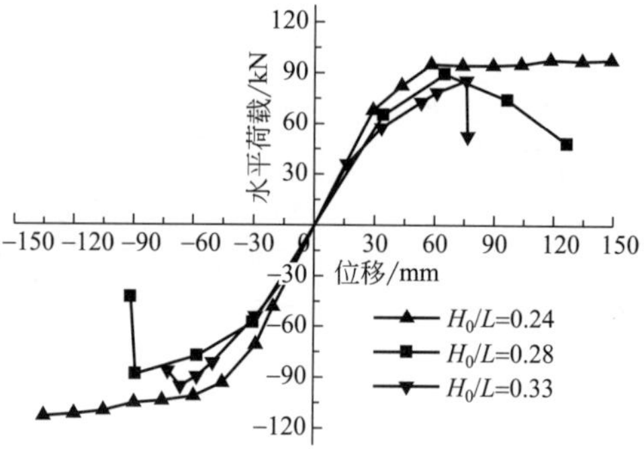

(a) H_0/L的影响

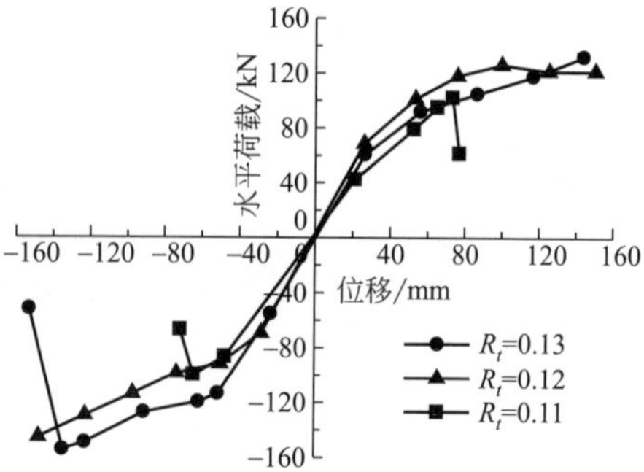

(b) R_t的影响

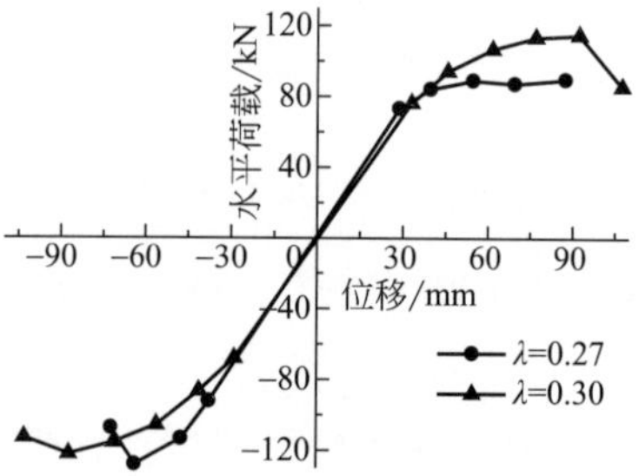

(c) λ的影响

图 3.6 试件的骨架曲线

刚度有所增加，进入弹塑性阶段后，试件的位移延性及极限荷载也随之增加。延性的增加幅度较大，而极限荷载提高的幅度较小，且混凝土填充率为 0.24 和 0.28 试件破坏位置均在横隔板上方钢管发生局部失稳而丧失承载力；混凝土填充率为 0.33 的试件破坏是在试件根部发生局部失稳，加劲肋与下底板焊缝开裂而丧失承载力。综上分析，混凝土填充率影响该类桥墩破坏发生的位置，进而影响桥墩的承载力和延性，是影响该类桥墩抗震性能的主要因素。

图 3.6(b) 表示长细比 λ 取 0.37 和 0.33，填充率为 0.28，径厚比 R_t 分别取 0.11、0.12、0.13 的 3 个试件水平荷载-水平位移骨架曲线。由图 3.6(b) 可知，试件在弹性阶段，径厚比对试件刚度影响不大。但是试件进入弹塑性阶段后，径厚比为 0.11 的试件，在承载力增加的过程中发生脆性破坏，极限荷载小于其他 2 个试件。而径厚比为 0.12 和 0.13 的试件，极限荷载均超过 120kN，延性也大幅度增加，抗震性能良好。由此可见，径厚比也是影响该类型桥墩抗震性能的重要因素。

图 3.6(c) 表示径厚比 R_t 为 0.15，混凝土的填充率为 0.33 和 0.38，长细比 λ 取 0.27 和 0.30 的 2 个试件水平荷载-水平位移骨架曲线。由图 3.6(c) 可知，随着长细比 λ 的增加，弹性阶段初期刚度有所下降。进入弹塑性阶段后，λ 为 0.27 的试件极限荷载相对于屈服荷载提高幅度不大，但表现出了良好的延性性能。λ 为 0.30 的试件极限荷载则有较大的提高，表现出良好的弹塑性强化阶段，但是达到极限荷载后，承载力下降速度较快。

(3) 耗能能力

评价结构抗震性能的另一个重要指标是结构耗能能力。根据《建筑抗震试验方法规程》(JGJ 101—96) 的规定，对本次试验的 8 个试件进行了累积耗能分析，其结果如图 3.7 所示。

图 3.7(a) 为 $\lambda=0.33$，$R_t=0.15$，H_0/L 分别为 0.24、0.28、0.33、0.37 的 4 个试件累积耗能曲线。由图 3.7(a) 可知，在加载初期，

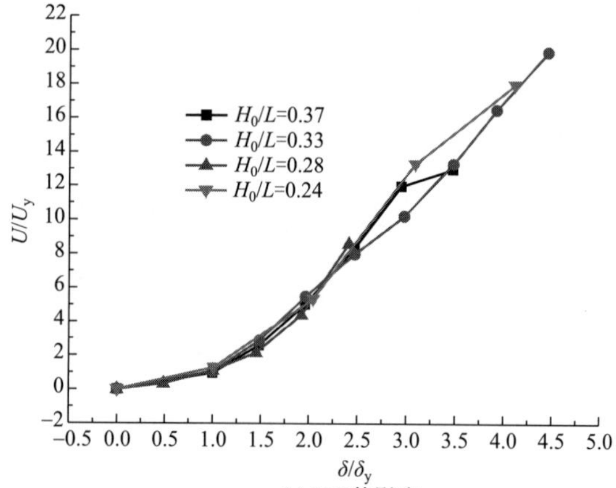

(a) H_0/L的影响

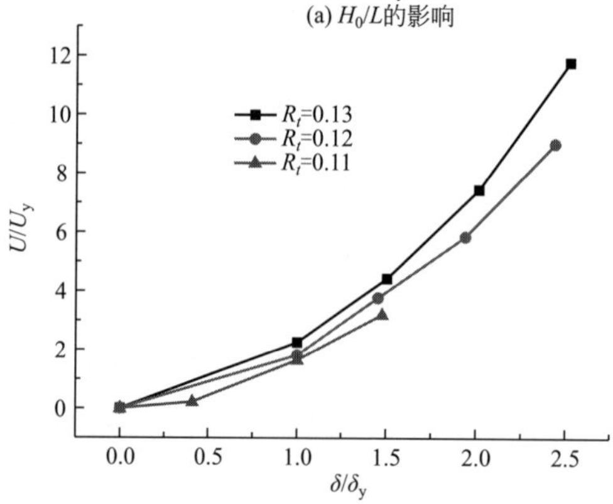

(b) R_t的影响

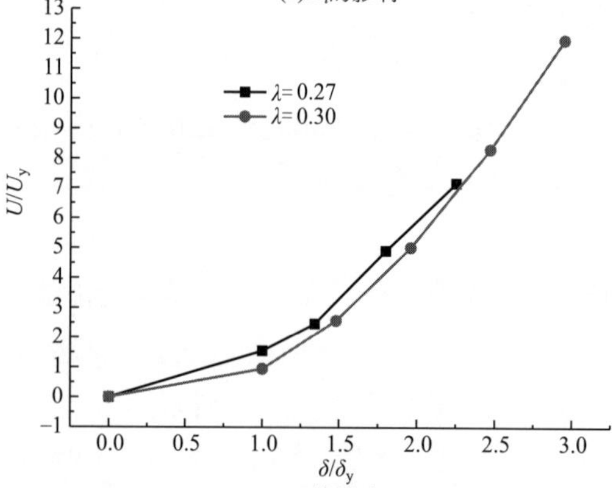

(c) λ的影响

图 3.7 试件的累积耗能曲线

混凝土填充率的变化对试件的累积耗能影响较小，但随着位移逐渐增加，填充率为 0.28 的试件累积耗能低于其他 2 个试件。当水平位移 δ/δ_y 增加到 3.5 时，填充率为 0.33 的试件累积耗能超过了填充率为 0.37 的试件，并继续保持良好的耗能能力。

图 3.7(b) 表示取 λ 为 0.37 和 0.33，H_0/L 为 0.28，R_t 为 0.11、0.12、0.13 的 3 个试件累积耗能曲线。由图 3.7(b) 可知，在加载初期，R_t 为 0.11 的试件累积耗能能力明显低于其他 2 个试件，并且当水平位移 δ/δ_y 增加到 1.5 时，由于该试件钢管局部失稳变形过大，失去了耗能能力，而 R_t 为 0.12 和 0.13 两试件始终保持了良好的累积耗能能力。

图 3.7(c) 表示 R_t 为 0.15，H_0/L 为 0.33 和 0.37，λ 为 0.27 和 0.30 的 2 个试件累积耗能曲线。由图 3.7(c) 可知，在加载初期，λ 的变化对试件的累积耗能影响较小。

3.4　本章小结

本章通过对带有横隔板补强部分填充圆形钢管混凝土桥墩柱的水平低周往复荷载作用下的试验研究，可得出如下结论。

① 横隔板的设置，加强了部分填充钢管混凝土桥墩柱钢管与混凝土共同协调工作的能力，使混凝土处于三向受力状态，提高了混凝土的强度，改变了钢管发生局部屈曲的位置。当混凝土的填充率较低时，桥墩柱的钢管会在填充混凝土的上方（横隔板上方）发生局部失稳变形，而导致桥墩柱的破坏。

② 随着混凝土填充率的增加，该类桥墩的极限承载力和延性都有所增加，且延性增加的幅度较大。当填充率达到 0.33 以上时，部分填充圆形钢管混凝土桥墩柱表现出良好的抗震性能。

③ 桥墩的长细比参数和钢管的径厚比参数也是影响该类桥墩抗震性能的重要因素。随着长细比的增加，桥墩的初期刚度减小，达到

极限承载力后，桥墩承载力会迅速下降。但随着钢管径厚比的变化，桥墩的初期刚度变化不明显，试件屈服后，结构的延性随着钢管径厚比的增加而增加。

④ 钢桥墩柱与基础采用刚性法兰连接，在墩柱底部附近焊接多道纵向肋，由于焊接热应力的影响使得墩柱钢管母材材质发生了变化，在外荷载作用下，受拉区钢管和焊缝易发生拉裂等脆性破坏，影响该类钢桥墩优良抗震性能的发挥。

第4章 横梁加固螺杆连接圆形钢桥墩的力学性能试验与有限元分析

第3章我们对刚性法兰连接钢桥墩的力学性能进行了试验研究，探明了长细比、径厚比等设计参数对其力学性能及抗震性能的影响，同时也探明桥墩与基础采用刚性法兰连接，虽然能够为连接部位提供刚度，提高结构的承载能力，但是由于纵向加劲肋焊接到桥墩柱钢管母材上，改变了钢材材质的性质，出现了母材被拉裂或焊缝开裂的脆性破坏，如果钢桥墩采用该种形式连接到基础上，可能在水平地震荷载作用下带来安全隐患。

为此，在本章中对第2章提出的横梁加固螺杆连接的圆形钢桥墩的力学性能及抗震性能进行试验和有限元分析研究，对该形式连接的无偏心受压、偏心受压钢桥墩（包括钢-混凝土组合的部分填充混凝土的圆形钢桥墩）在水平方向平面内、平面外水平荷载作用下的力学性能影响参数以及抗震评价指标-极限承载力和极限位移进行了系统的研究。

4.1 无偏心受压部分填充混凝土圆形钢桥墩试验及有限元分析

4.1.1 试件设计

试验以城市高架桥部分填充混凝土圆形独柱式T形钢桥墩为对

象，如图 4.1 所示。考虑到试验条件有限，对研究对象进行了 1/10 的缩尺，试验试件概况如图 4.2 所示。

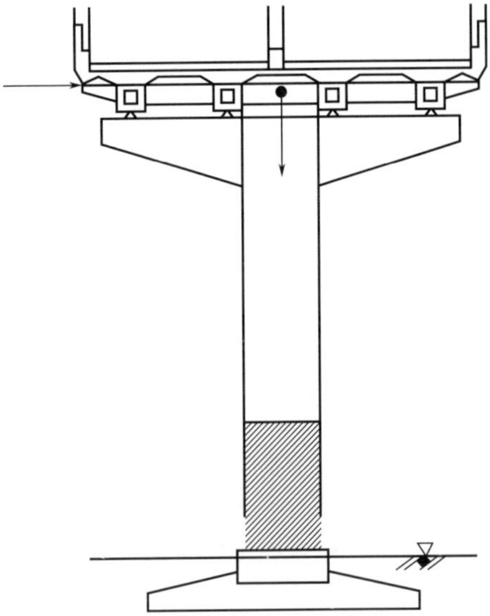

图 4.1　高架桥桥墩

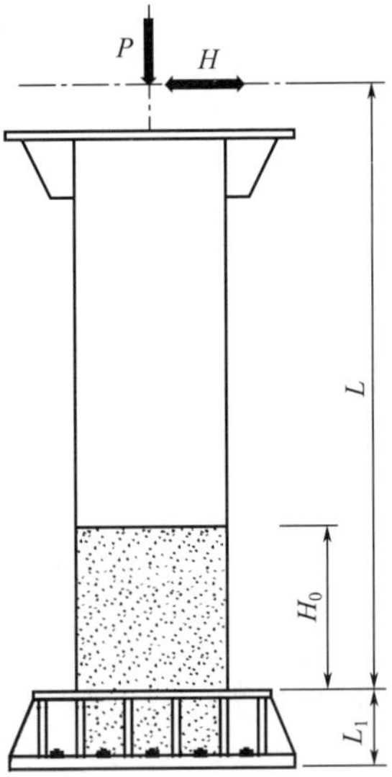

图 4.2　试验试件概况

图 4.2 中的 L_1 为桥墩柱底部横向加劲梁的高度；L 为桥墩柱底部到加载点的距离；H_0 为内填混凝土的填充高度。加载方式为假定上部结构的自重 P 恒定，竖直作用在桥墩柱上，在桥墩柱顶部水平方向上施加往复的荷载 H。为了更好地固定试件，每个试件根部制作了一个刚度较大的钢板加劲环梁，试件插入环梁内。为了探明同一设计参数下混凝土填充率对该类桥墩受力性能的影响，试验制作了 2 组共 8 根试件，每组试件除了混凝土填充高度不同外，试件的高度、钢管的截面尺寸等均一致。具体几何尺寸和力学参数等见表 4.1。表 4.1 中：R 为钢管外径，t 为钢管壁厚，ξ 为混凝土的填充率（H_0/L），λ 为柱的长细比参数，R_t 为钢管径厚比参数，H_y 为空钢管桥墩柱水

平屈服荷载理论值，δ_y 为空钢管桥墩柱水平屈服位移理论值。其中 λ 与 R_t 参考日本钢结构公路桥梁设计规范，分别利用式(4.1)、式(4.2) 计算求得，H_y 和 δ_y 利用式(4.3)、式(4.4) 求得。试件的编号考虑后面论述的方便，SC 表示填充混凝土钢管柱，字母后面的数值前 2 位表示柱的长细比参数，中间 2 位表示柱的径厚比参数，后面 2 位表示混凝土的填充率。

表 4.1　试件几何尺寸和力学参数

试件编号	L /mm	R /mm	t /mm	H_0 /mm	λ	R_t	ξ	P /kN	H_y /kN	δ_y /mm
SC34-66-00	1527	140	4	—	0.34	0.066	0.00	164	48.6	8.6
SC34-66-24	1527	140	4	330	0.34	0.066	0.24	164	48.6	8.6
SC34-66-28	1527	140	4	390	0.34	0.066	0.28	164	48.6	8.6
SC34-66-35	1527	140	4	480	0.34	0.066	0.35	164	48.6	8.6
SC26-85-00	1527	180	4	—	0.26	0.085	0.00	211	81.2	6.7
SC26-85-26	1527	180	4	355	0.26	0.085	0.26	211	81.2	6.7
SC26-85-35	1527	180	4	480	0.26	0.085	0.35	211	81.2	6.7
SC26-85-38	1527	180	4	525	0.26	0.085	0.38	211	81.2	6.7

$$R_t=\frac{R}{t}\frac{\sigma_y}{E}\sqrt{3(1-\nu^2)} \tag{4.1}$$

$$\lambda=\frac{2L}{\pi r}\sqrt{\frac{\sigma_y}{E}} \tag{4.2}$$

$$H_y=\frac{M_y(1-P/P_y)}{L}-\frac{Pe}{L} \tag{4.3}$$

$$\delta_y=\frac{H_yL^3}{3EI}\left[1+3(1+\nu)\left(\frac{e}{L}\right)^2\right] \tag{4.4}$$

式中　σ_y——钢材的屈服应力；

　　E——钢材的弹性模量；

ν——泊松比；

r——钢管截面的回转半径；

M_y——屈服弯矩；

P_y——屈服轴力；

e——钢管的偏心距；

I——钢管的截面二次惯性矩。

4.1.2 试件制作

首先钢管采用4mm厚的Q235低碳钢板卷制，用E4315（J427）型焊条焊接，然后将加工完成的钢管焊接在尺寸为600mm×600mm×25mm的钢板上，在钢管和钢板底部均匀分布12个加劲肋。之后将中间开孔（孔径大于钢管直径2mm）的钢板（钢板尺寸为500mm×500mm×16mm）套在钢管指定的位置后，与钢管、加劲肋焊接在一起。最后在试验试件上部焊接尺寸为550mm×550mm×14mm的盖板。对于内填充混凝土的试验试件，在焊接盖板之前填充一定高度C25的自制混凝土。混凝土配合比为水泥∶砂∶碎石∶水$=C_0:S_0:G_0:W_0=372:611:1242:175=1:1.64:3.34:0.47$。试件加工过程如图4.3和图4.4所示。

图4.3 试验室外试件加工过程

图 4.4　试验室内试件加工过程

4.1.3　材质试验

试件选用 Q235 低碳钢钢材，试件的力学性能按《金属材料　拉伸试验　第 1 部分：室温试验方法》(GB/T 228.1—2010) 规定进行测定，试验测得的屈服强度 f_y、极限强度 f_u、弹性模量 E_s、泊松比 ν 见表 4.2。另外，混凝土搅拌过程中制作了 5 个边长为 150mm 的立方体试块，养护 28d 后，进行了混凝土抗压强度试验。3 个立方体试块抗压强度平均值 f_{cu} 为 30.0MPa。

表 4.2　试件钢材材料特性

厚度/mm	f_y/MPa	f_u/MPa	E_s/MPa	ν
4	315	455	204520	0.283

4.1.4　试验与监测

(1) 加载制度与装置

试验的加载方式是在柱顶施加恒定的轴力后，再施加往复递增的水平荷载。竖向荷载采用力控制，水平荷载全程采用位移控制，每级位移增量为一个理论屈服位移 δ_y，每级循环 1 次，直至承载力下降到最大承载力的 85%，终止试验。

试验加载装置示意如图 4.5 所示，轴力由液压千斤顶施加，并在千斤顶与反力架之间安装滚动滑轮，保证试件顶部发生水平变形时千斤顶与试件保持垂直；往复水平荷载是通过连接在竖向反力墙的 MTS 电液伺服作动器施加。试验中，竖向和水平荷载通过与试件顶部连接的连接件施加到试件上。试件底部钢板加劲梁用螺栓与固定在地面剪力墙的底板加劲梁连接，以达到固定试件的目的。

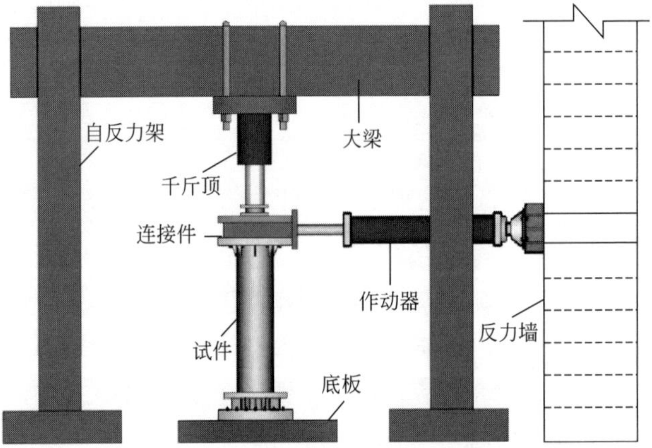

图 4.5 试验加载装置示意

（2）位移监测与应变监测

本试验所用到的试验测量装置主要是位移测量装置和应变测量装置。试验试件的位移变形主要由位移计来测量，MTS 作动器本身也能进行测量；钢管外部表面应变主要由应变片来测量。

为了消除试验过程中试验装置带来的误差，在试件顶部设置 2 个水平位移计，在环形加劲梁的底部分别设置 2 个水平位移计和 2 个竖向位移计。试验过程中，试件本身所产生的位移 δ 由下式求得，即

$$\delta=\delta_{\mathrm{up}}-\delta_{\mathrm{down}}-\frac{\delta_{\mathrm{r}}-\delta_{\mathrm{l}}}{D}L \tag{4.5}$$

式中　δ_{up}——试件顶部 2 个水平位移计测得的位移的平均值；

δ_{down}——试件底部 2 个水平位移计测得的位移的平均值；

δ_{l}，δ_{r}——分别为试件底部加劲梁左、右位移计测得的竖向位移；

D——竖向位移计间的水平距离；

L——竖向位移计与顶部水平位移计间的竖向距离。

同时为了探明试件在试验过程中应力、应变的变化规律，试件根部附近沿竖向分别在 50mm、100mm 截面处以及钢管两侧外缘粘贴电阻应变片 R_1（或 L_1）和 R_2（或 L_2）；填有混凝土的试件，除了在上述 2 处粘贴应变片外，在填充混凝土的中部及有无填充混凝土临界截面上方 50mm、100mm 截面处以及钢管两侧外缘粘贴电阻应变片 R_3（或 L_3）、R_4（或 L_4）和 R_5（或 L_5）。位移计与应变片的具体布置如图 4.6 所示。

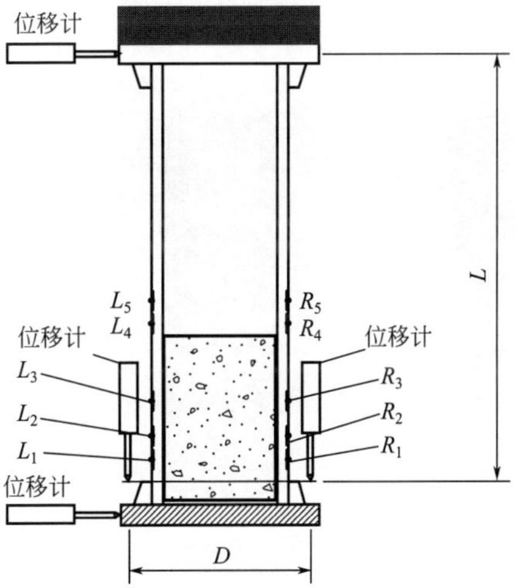

图 4.6　位移计与应变片的布置

4.1.5 有限元分析模型

（1）建立模型

为了进一步探明该类桥墩在外荷载作用下钢管和混凝土的应力分布、变形及破坏机理，本书运用有限元分析软件 ABAQUS 对上述 8 根桥墩柱试件进行了数值分析。

分析模型的边界条件及单元划分如图 4.7 所示。有限元模型采用完全固定的边界条件。钢管与混凝土的单元设置及网格划分情况如下：钢管采用四节点减缩积分形式壳单元（S4R），内填混凝土选用减缩积分实体单元形式(C3D8R)。为了不影响分析精度并尽量缩短分析时间，钢管圆周方向为 36 等网格划分，高度方向在模型的根部和混凝土有无填充的变截面处（即钢管的底部及填充混凝土顶部）进行加密处理，加密范围取 2/3 管径，其他部分单元网格划分较为稀疏。混凝土的网格划分沿柱长方向与钢管相同，截面方向由内向外逐渐加密网格，最外侧与钢管网格划分一致。

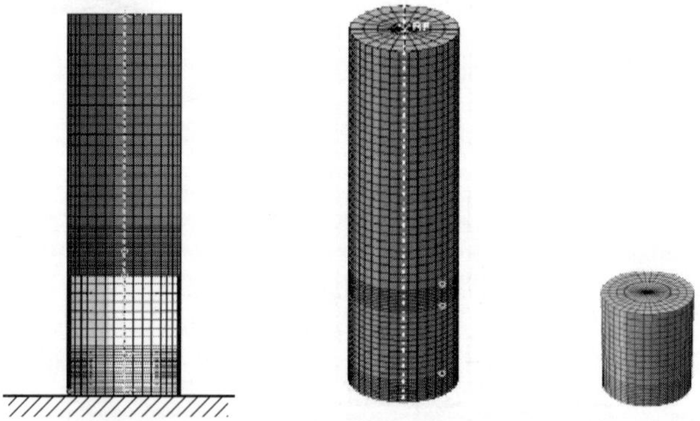

(a) 整体模型　(b) 钢管网格划分　(c) 混凝土网格划分

图 4.7　分析模型的边界条件及单元划分

模型的接触主要包括模型上部端板与钢管端部之间的接触、钢管内壁与混凝土之间的接触。上部端板与钢管端部在试验中采用焊接形式连接，在有限元模型中通过绑定（tie）来实现。对于内填混凝土与钢管壁，进行了 Contact 设置，其中摩擦系数取 0.4。

（2）材料本构

模型中，钢材采用考虑包辛格效应的双折应力-应变本构关系，屈服强度、弹性模量及泊松比采用前述钢材材质试验结果，钢材屈服后的刚度取初期刚度的 1%。混凝土采用损伤模型，抗压强度取混凝土材质试验结果，抗拉强度取抗压强度的 1/10，损伤模型中膨胀角设置为 30°，偏心率为 0.1，初始等效双轴抗压强度 f_{b0} 与初始单轴抗压强度 f_{c0} 的比值取 1.16，受拉与受压子午线应力比值 $\kappa=0.6667$，黏性参数取 0.0005，混凝土损伤程度参考《混凝土结构设计规范》(GB 50010—2010) 的损伤因子 d_c 以及与等效塑性应变之间的关系进行判别。

4.1.6　试验与有限元结果

（1）试验现象与分析

以试件 SC34-66-00 及试件 SC34-66-28 为例，对该类桥墩在水平往复荷载作用下的试验现象及破坏情况进行说明。

① 试件 SC34-66-00 的试验现象

试件 SC34-66-00 为没有填充混凝土的圆形钢桥墩柱。试验过程中，试件在 L_1 和 L_2 位置测得的应变变化、破坏形态及有限元分析结果如图 4.8 所示。在图 4.8(a) 中，纵坐标表示测得的应变，ε_y 为钢材屈服应变，正应变表示受拉，负应变表示受压；箭头处的数值表示试件顶部施加的水平位移，“＋”表示 MTS 推的方向，“－”表示拉的方向。试件在加载过程中，柱顶水平位移达到＋18.9mm 时，测点 L_1 和 L_2 处测得的应变均超过屈服应变［图 4.8(a)］，表明试件屈

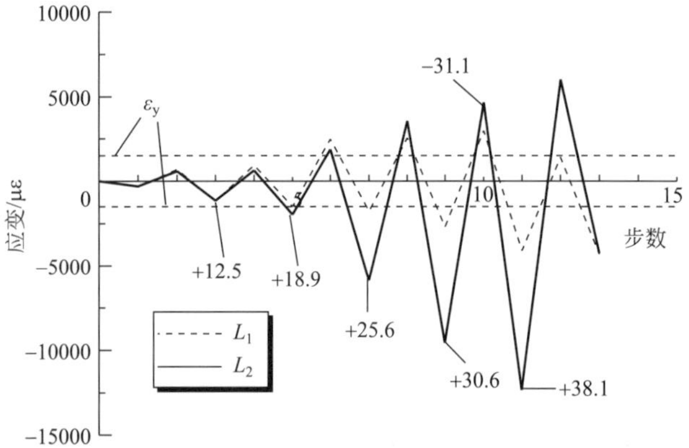

(a) 测点L_1和L_2位置应变变化

(b) 破坏形态

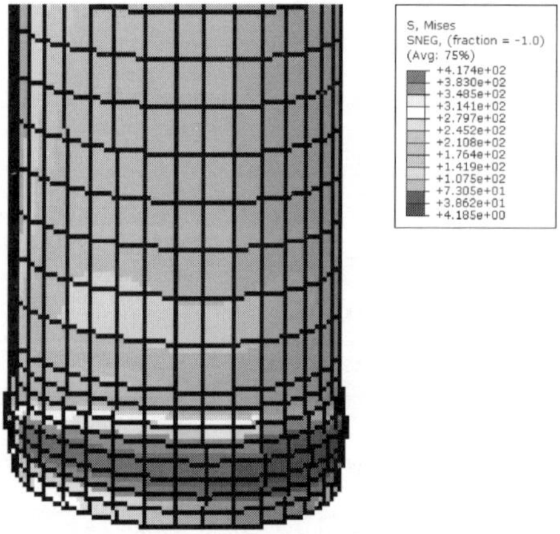

(c) 有限元模型的应力分布及变形

图 4.8　试件 SC34-66-00 试验现象

服，屈服荷载为 40.7kN。之后随着柱顶水平位移增至＋25.6mm 时，L_2 处测得的应变增加速度明显大于 L_1 处，并且此时，试件根部形成了可见的局部屈曲变形，试件达到了最大承载力 60.3kN。当柱顶位移增至－31.1mm 时，试件负方向达到最大承载力－59.5kN。之后继续增加位移，钢管根部扩展成“大象脚”形屈曲变形。当柱顶正、负位移分别增至＋44.4mm、－44.0mm 时，试件水平承载力下降到最大荷载的 85%，试验终止。试验结束后由试件的变形状态及有限元分析的钢管应力分布和变形结果可知，钢管在局部失稳位置处出现了较高的应力分布，有限元分析的钢管变形较好地模拟了试件局部变形状况。

② 试件 SC34-66-28 的试验现象

图 4.9 为试件 SC34-66-28 的试验结果。在加载初期，各测点的应变均在弹性范围内，L_1 处应变大于其他位置的应变［图 4.9(a)］；当柱顶水平位移增至＋12.1mm 时，L_1 处测得应变达到了屈服应变，表明试件屈服，测得屈服荷载为 44.1kN。当柱顶位移增至＋26.4mm 时，L_2 处的应变超过 L_1 处应变，之后 L_2 处应变快速发展，表明该处

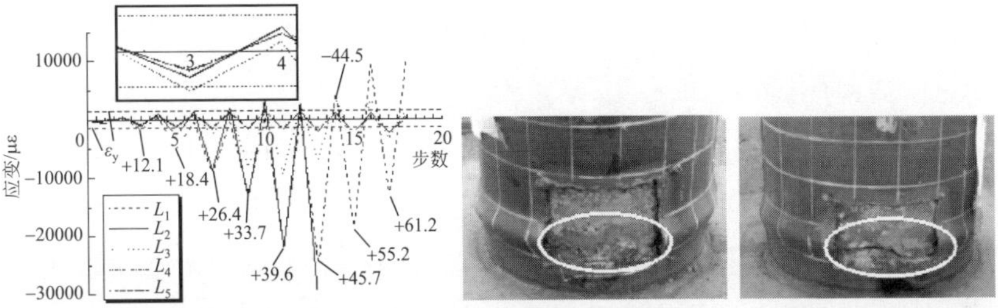

(a) 测点L_1~L_5位置应变变化　(b) 试件左侧破坏形态　(c) 试件右侧破坏形态

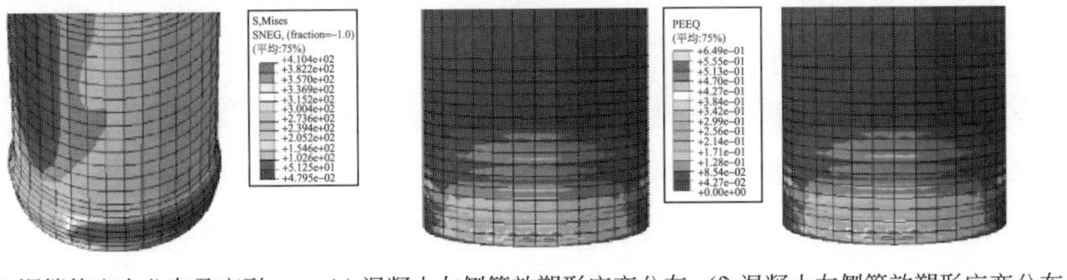

(d) 钢管的应力分布及变形　(e) 混凝土左侧等效塑形应变分布　(f) 混凝土右侧等效塑形应变分布

图 4.9　试件 SC34-66-28 试验现象

钢管已经开始发生局部屈曲。继续增加位移至+39.6mm 时，L_2 处钢管应变值超过了－0.02$\mu\varepsilon$，并且该处观察到可见的局部屈曲变形；当柱顶位移增加至+45.7mm 时，L_2 处的应变超过了－0.03$\mu\varepsilon$，并且此时 L_1 处的应变也快速发展，超过了－0.025$\mu\varepsilon$，表明 L_1 和 L_2 附近处的钢管局部变形发展迅速。柱顶位移分别为+39.6mm、－44.5mm 时，试件正、负方向达到最大承载力 71.6kN、－62.8kN。当柱顶位移增加到+69.1mm、－64.1mm 时，试件水平承载力下降到最大承载力的 85%，试件变形明显，试验终止。

试验结束后切开试件观察钢管和混凝土的破坏形态可知，混凝土在其根部形成了贯通的水平缝，同时钢管在该处附近形成“大象脚”形局部变形。有限元分析结果表明，钢管在局部失稳附近处出现了较高的应力分布，试件根部的混凝土等效塑性应变超过了混凝土的极限抗压应变，混凝土被压碎。

(2) 水平荷载-水平位移试验与有限元分析结果

① 滞回曲线

8 个试件的试验与有限元分析结果如图 4.10 和图 4.11 所示。由图 4.10 和图 4.11 可知：加载初期，结构在弹性范围内时，8 个试件的初期刚度，试验与有限元分析结果基本一致。这表明试验加载装置、有限元分析边界条件的设置是行之有效的。随着荷载的增加，没填充混凝土的 SC26-85-00 和 SC34-66-00 两试件与其他试件结果相比，无论是试验还是数值分析，承载力达到最大值后均迅速下降，滞回性能较差。这主要是在外荷载作用下，2 个空钢管试件根部出现局部屈曲变形，随着荷载的增加，局部变形快速发展，导致试件失去承载力；而填充混凝土的试件，随着荷载的增加，试件根部钢管也出现局部屈曲变形，但由于内填混凝土与钢管共同承担外荷载作用，混凝土的存在延缓了钢管局部变形的扩展，承载力达到最大值后下降速度缓慢，试件表现出良好的延性。

通过有限元与试验结果对比可知，有限元分析的最大承载力与试

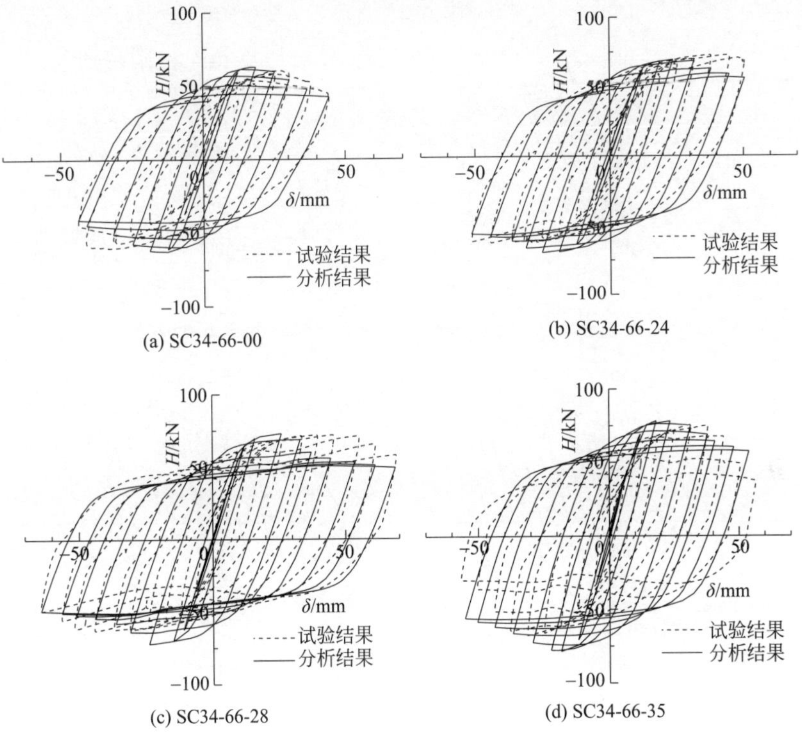

图 4.10　SC34-66 系列试件荷载-位移滞回曲线

验结果相差不大，但最大承载力所对应的位移比试验结果小（特别是内填混凝土试件），达到最大承载力后，有限元分析比试验的承载力下降速度快。造成这种现象的原因是：有限元分析中钢材和混凝土均考虑为理想的各向同性材料，钢管与混凝土考虑成硬接触，之间的空隙设置成 0；试验时对于混凝土而言，并非理想的各向同性材料。混凝土的干缩效应使钢管与混凝土之间存有一定的空隙，延缓了钢管与混凝土之间的接触。

② 骨架曲线

为了便于分析混凝土填充高度对该类桥墩抗震性能的影响，对 8 个试件在往复荷载作用下的试验水平荷载-水平位移滞回曲线取骨架包

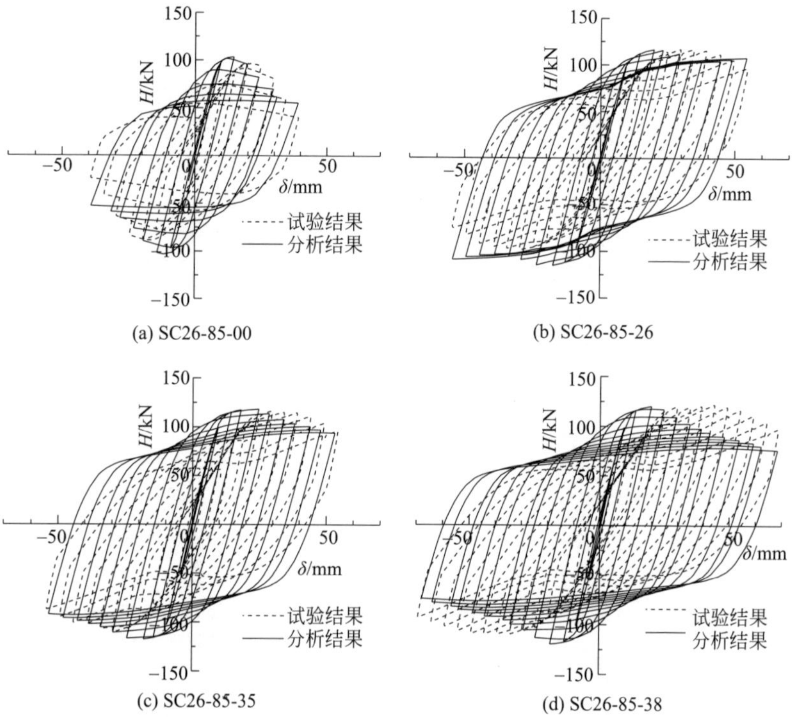

(a) SC26-85-00

(b) SC26-85-26

(c) SC26-85-35

(d) SC26-85-38

图 4.11　SC26-85 系列试件荷载-位移滞回曲线

络，分成 SC34-66 和 SC26-85 两个系列进行比较，结果如图 4.12 所示。图 4.12(a) 为长细比 $\lambda=0.34$、径厚比 $R_t=0.066$ 系列混凝土填充率 ξ 分别为 0、0.24、0.28 和 0.35 这 4 个试件的骨架曲线；图 4.12(b) 为长细比 $\lambda=0.26$、径厚比 $R_t=0.085$ 系列混凝土填充率 ξ 分别为 0、0.26、0.35、0.38 这 4 个试件骨架曲线。由图 4.12(a) 可知：混凝土填充率对 $\lambda=0.34$、$R_t=0.066$ 系列试件初期刚度有一定的影响，混凝土填充率 $\xi=0.35$ 的试件初期刚度大于其他 3 个试件；进入弹塑性阶段后，混凝土填充率 $\xi=0$ 试件的承载力和延性比 3 个部分填充钢管混凝土试验试件的结果小，承载力达到最大值后，下降的速度较快。同时，随着 ξ 的增加，试件的最大承载力及延性随之增加，填充

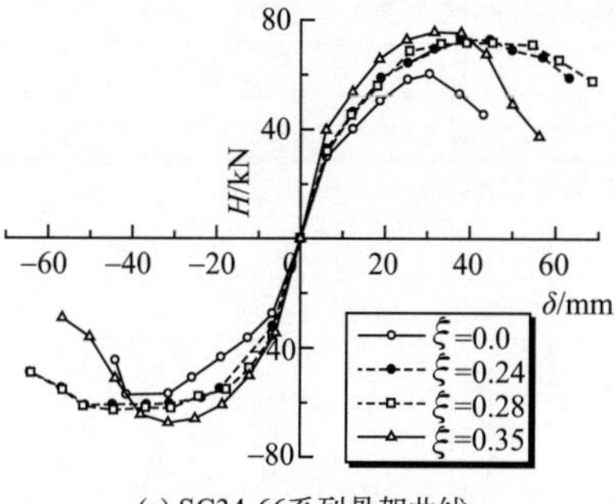

(a) SC34-66系列骨架曲线

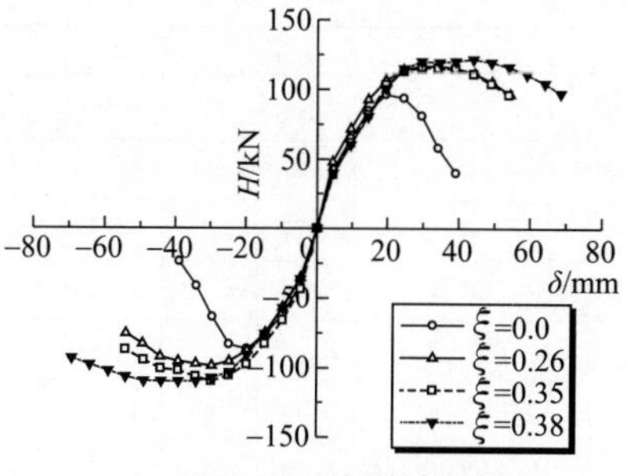

(b) SC26-85系列骨架曲线

图 4.12　8 个试件水平荷载-水平位移骨架曲线

率 $\xi=0.28$ 时，试件的延性最大，填充率为 $\xi=0.35$ 时试件的最大承载力最大。

由图 4.12(b) 可知：混凝土填充率对 $\lambda=0.26$、$R_t=0.085$ 系列试件的初期刚度几乎没有影响，进入弹塑性阶段后，混凝土填充率 $\xi=0$ 试件比 3 个部分填充钢管混凝土试件的承载力和延性小；随着混凝土填充率的增加，试件的最大承载力及延性增加，并且延性的增加幅度较大，最大承载力提高的幅度较小。超过最大承载力后，承载力下降的速度随着混凝土填充率的增加而减少。

4.1.7　圆形钢桥墩混凝土填充高度的确定

（1）有限元分析模型

为了探明同一设计参数下混凝土填充率对该类桥墩受力性能的影响并根据延性性能最优的原则，确定无偏心圆形钢桥墩内填混凝土填充高度，采用 9 组共 60 个有限元模型进行分析，具体几何尺寸和力学参数见表 4.3。表中 λ 为柱长细比、R_t 为钢管径厚比、t 为钢管壁厚、R 为钢管外径、L 为试件长度、ξ 为混凝土填充率（H_0/L），其中 λ 与 R_t 的数值参照式(4.1) 和式(4.2) 算出。

表 4.3 模型几何尺寸和力学参数

试件	λ	R_t	t /mm	R /mm	L /mm	ξ	试件	λ	R_t	t /mm	R /mm	L /mm	ξ
SJ1	0.206	0.11	5.76	251	1450	0	SJ31	0.397	0.11	5.76	251	2800	28
SJ2	0.206	0.11	5.76	251	1450	25	SJ32	0.397	0.11	5.76	251	2800	30
SJ3	0.206	0.11	5.76	251	1450	30	SJ33	0.397	0.11	5.76	251	2800	35
SJ4	0.206	0.11	5.76	251	1450	35	SJ34	0.248	0.14	4.5	251	1750	0
SJ5	0.206	0.11	5.76	251	1450	48	SJ35	0.248	0.14	4.5	251	1750	25
SJ6	0.206	0.11	5.76	251	1450	55	SJ36	0.248	0.14	4.5	251	1750	30
SJ7	0.248	0.11	5.76	251	1750	0	SJ37	0.248	0.14	4.5	251	1750	35
SJ8	0.248	0.11	5.76	251	1750	9	SJ38	0.248	0.14	4.5	251	1750	40
SJ9	0.248	0.11	5.76	251	1750	17	SJ39	0.248	0.14	4.5	251	1750	48
SJ10	0.248	0.11	5.76	251	1750	25	SJ40	0.249	0.09	7	251	1750	0
SJ11	0.248	0.11	5.76	251	1750	28	SJ41	0.249	0.09	7	251	1750	20
SJ12	0.248	0.11	5.76	251	1750	35	SJ42	0.249	0.09	7	251	1750	25
SJ13	0.248	0.11	5.76	251	1750	48	SJ43	0.249	0.09	7	251	1750	28
SJ14	0.305	0.11	5.76	251	2150	0	SJ44	0.249	0.09	7	251	1750	30
SJ15	0.305	0.11	5.76	251	2150	20	SJ45	0.249	0.09	7	251	1750	35
SJ16	0.305	0.11	5.76	251	2150	25	SJ46	0.249	0.09	7	251	1750	48
SJ17	0.305	0.11	5.76	251	2150	28	SJ47	0.249	0.08	8	251	1750	0
SJ18	0.305	0.11	5.76	251	2150	30	SJ48	0.249	0.08	8	251	1750	17
SJ19	0.305	0.11	5.76	251	2150	35	SJ49	0.249	0.08	8	251	1750	20
SJ20	0.305	0.11	5.76	251	2150	48	SJ50	0.249	0.08	8	251	1750	25
SJ21	0.34	0.11	5.76	251	2400	0	SJ51	0.249	0.08	8	251	1750	28
SJ22	0.34	0.11	5.76	251	2400	17	SJ52	0.249	0.08	8	251	1750	30
SJ23	0.34	0.11	5.76	251	2400	20	SJ53	0.249	0.08	8	251	1750	35
SJ24	0.34	0.11	5.76	251	2400	25	SJ54	0.25	0.06	10	251	1750	0
SJ25	0.34	0.11	5.76	251	2400	30	SJ55	0.25	0.06	10	251	1750	9
SJ26	0.34	0.11	5.76	251	2400	35	SJ56	0.25	0.06	10	251	1750	17
SJ27	0.34	0.11	5.76	251	2400	48	SJ57	0.25	0.06	10	251	1750	25
SJ28	0.397	0.11	5.76	251	2800	0	SJ58	0.25	0.06	10	251	1750	30
SJ29	0.397	0.11	5.76	251	2800	20	SJ59	0.25	0.06	10	251	1750	35
SJ30	0.397	0.11	5.76	251	2800	25	SJ60	0.25	0.06	10	251	1750	48

（2）有限元分析结果

① 骨架曲线分析

本书将 60 个模型根据柱长细比和钢管径厚比不同分成 9 组，在往复荷载作用下的水平荷载-水平位移滞回曲线取包络，其骨架曲线如图 4.13 所示。

从 SJ1～SJ33 骨架曲线可知，随着混凝土填充率的增加刚度不断增大，并且每一组最大填充率初期刚度最大，进入弹塑性阶段后，空钢管承载力和延性比部分填充钢管混凝土小，且空钢管承载力达到最大值后，下降速度快。同时，随着混凝土填充率的增大，试件承载能力

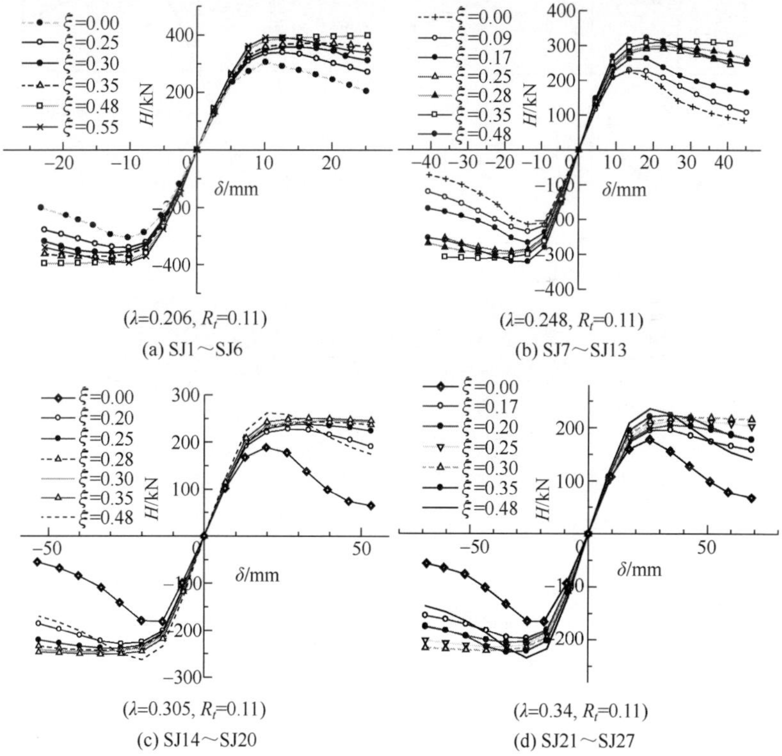

(λ=0.206, R_t=0.11)
(a) SJ1～SJ6

(λ=0.248, R_t=0.11)
(b) SJ7～SJ13

(λ=0.305, R_t=0.11)
(c) SJ14～SJ20

(λ=0.34, R_t=0.11)
(d) SJ21～SJ27

图 4.13

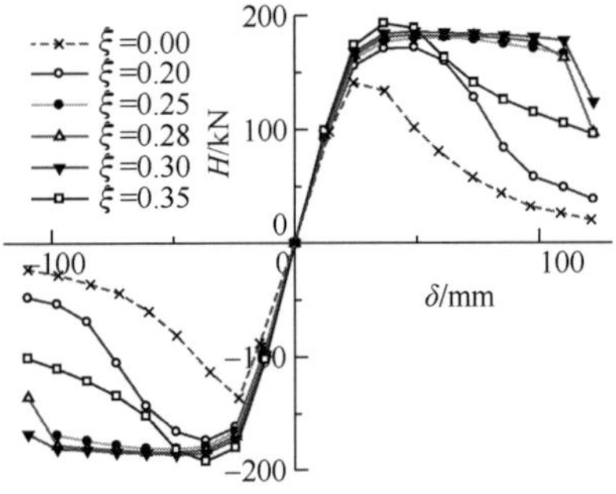

(λ=0.397, R_t=0.11)

(e) SJ28～SJ33

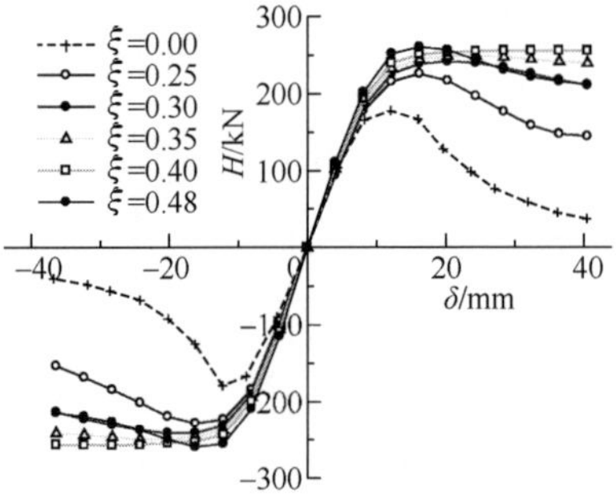

(λ=0.248, R_t=0.14)

(f) SJ34～SJ39

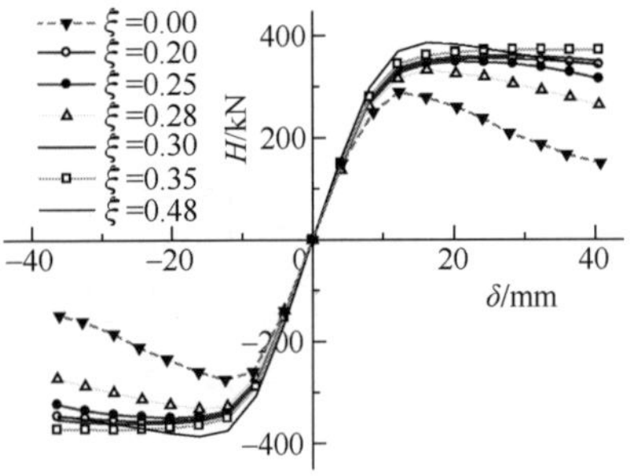

(λ=0.249, R_t=0.09)

(g) SJ40～SJ46

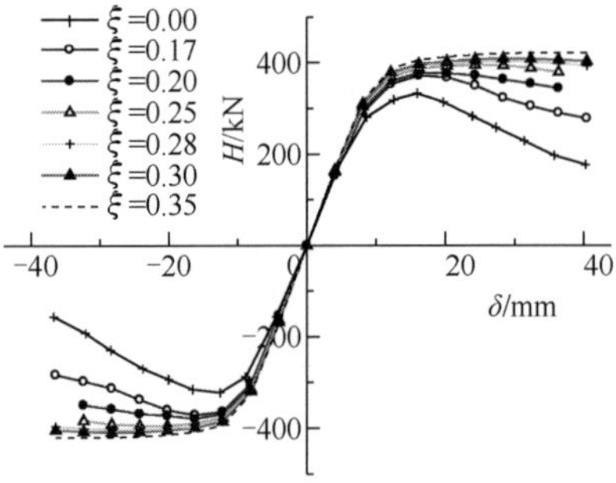

(λ=0.249, R_t=0.08)

(h) SJ47～SJ53

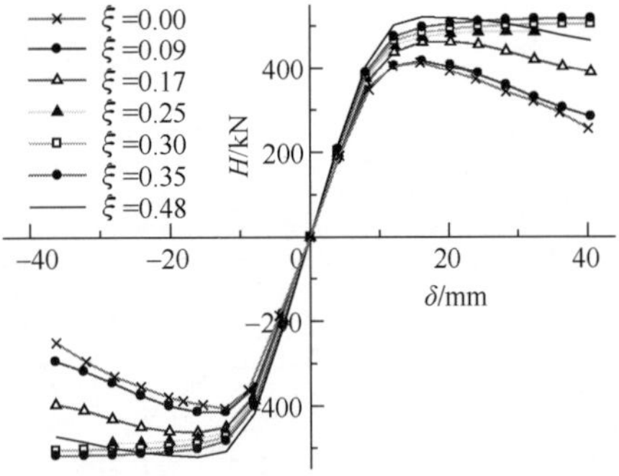

(λ=0.250, R_t=0.06)

(i) SJ54～SJ60

图 4.13 水平荷载-水平位移骨架曲线

和延性均有所增加，超过最适填充率后，持续增加混凝土填充率，试件承载力提高但延性下降。从 SJ34～SJ60 骨架曲线可知：混凝土初期刚度几乎没有因填充率增大而受到影响，进入弹塑性阶段后，空钢管承载力和延性比部分填充钢管混凝土小，承载力达到最大值后，下降速度较快。随着混凝土填充率的增大，试件承载能力和延性均有所增加。在长细比不变、径厚比改变的 4 组骨架曲线中，随着径厚比逐渐减小，承载力下降速度变缓慢，延性较好。

② 延性和承载力分析

本书为了研究混凝土填充率对承载力和延性的影响，根据径厚比和长细比不同情况绘出承载力和混凝土填充率以及延性系数和混凝土填充率的两种关系曲线，具体如图 4.14 和图 4.15 所示。

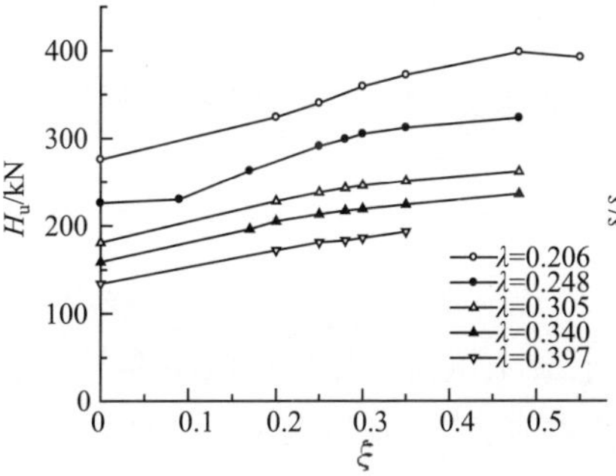

(a) 承载力-混凝土填充率的关系

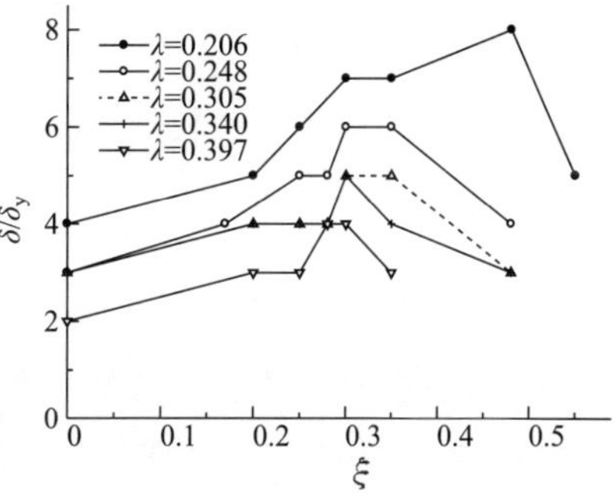

(b) 延性系数-混凝土填充率的关系

图 4.14　长细比不同时承载力和延性系数与混凝土填充率的关系

由图 4.14 可知，在其他条件相同的情况下，承载能力随着混凝土填充高度增大而增加，但提高幅值并不明显。图 4.14(a) 可知，随着长细比 λ 的增加，试件承载力下降，以承载力作为评价指标，长细比对混凝土填充率变化有显著影响。如图 4.14(b) 所示，随着长细比 λ 的增加，延性系数下降，λ 越小则延性越好，抗震性能越优越；在 $\xi=0\sim0.25$ 之间延性系数上升较快，$\xi=0.25\sim0.35$ 之间延性系数相对较稳定，说明最佳填充率在其范围内，之后随着 ξ 的增加延性下降。

在径厚比不同，其他条件都相同的情况下，混凝土填充率对承载能力和延性系数的影响如图 4.15 所示。

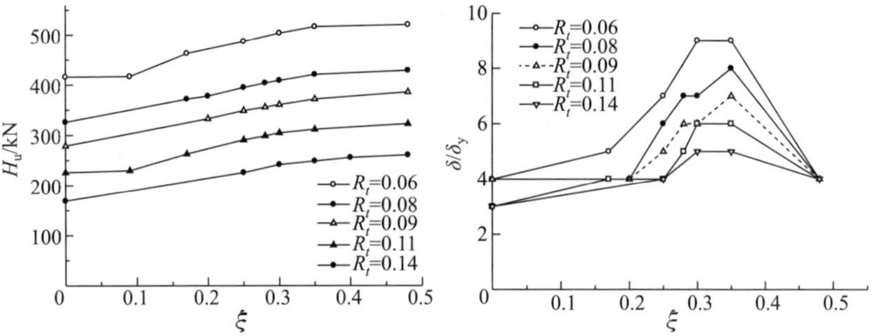

(a) 承载力-混凝土填充率的关系　　(b) 延性系数-混凝土填充率的关系

图 4.15　径厚比不同时承载力和延性系数与混凝土填充率的关系

由图 4.15 可知：径厚比对试件承载力影响较大，随着径厚比逐渐升高承载力逐渐降低，但各曲线走势基本保持一致，没有明显波动，以承载力作为评价指标，径厚比对混凝土填充率变化影响不明显。随着径厚比 R_t 的增加，延性系数逐渐降低，R_t 增加越大，延性系数下降得越快则延性越差，抗震性能越差；在 ξ=0.00～0.25 之间延性系数升高，ξ=0.25～0.35 之间延性系数相对较稳定，说明最适填充率在其范围内，之后随着填充率的增加延性系数下降最后汇聚到一点。

③ 混凝土填充高度确定

为探讨混凝土填充率对抗震性能的影响，本书对 9 组钢桥墩模型的混凝土填充高度进行研究，得出骨架曲线如图 4.16 所示。由图 4.16 可以发现：随着 R_t、λ 的改变其骨架曲线没有明显变化。进入弹塑性阶段后，承载力趋于平缓，说明延性优越，抗震性能良好。随着径厚比 R_t 的增加，承载力和延性均有所提高；随着长细比 λ 的

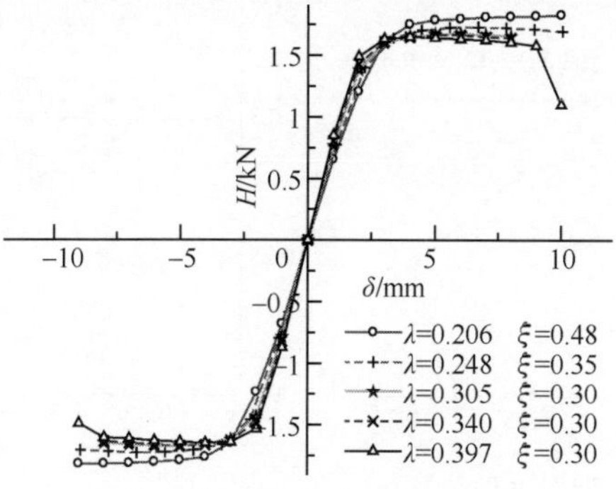

(a) λ不同条件下的骨架曲线

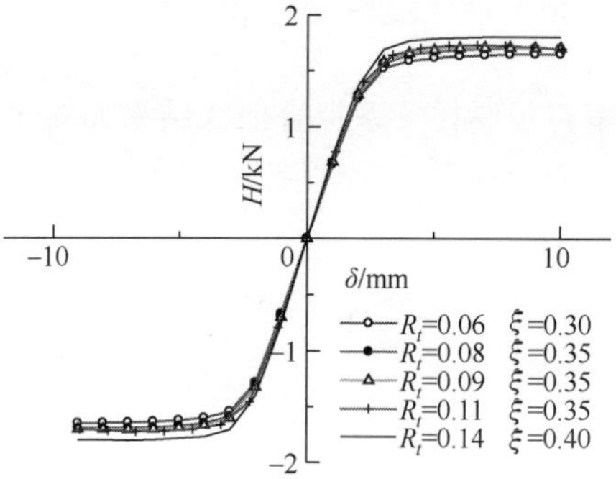

(b) R_t 不同条件下的骨架曲线

图 4.16　骨架曲线

减少，承载力和延性均明显增加。

④ 建立混凝土填充高度及桥墩极限承载力及延性计算公式

本书通过对 60 个有限元模型分析，取 9 组中每一组延性最大的桥墩所对应的填充率 ξ，分析混凝土填充率与长细比和径厚比的关系。

当径厚比 $R_t=0.11$，长细比 $\lambda=0.2\sim0.3$ 时，得

$$\xi=f(\lambda,R_t)=-1.76\lambda+0.82 \qquad (0.1<\lambda<0.3) \qquad (4.6)$$

当径厚比 $R_t=0.11$，长细比 $\lambda=0.3\sim0.4$ 时，得

$$\xi=f(\lambda,R_t)=0.30 \qquad (0.3\leqslant\lambda<0.4) \qquad (4.7)$$

混凝土填充率与桥墩长细比关系拟合曲线结果如图 4.17 所示。

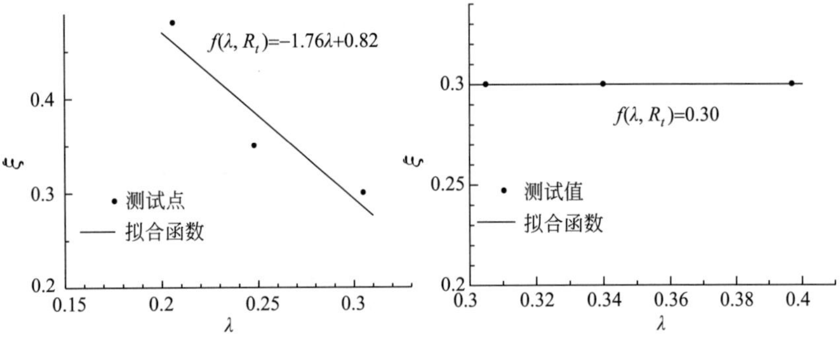

(a) 长细比λ<0.3　　(b) 长细比λ≥0.3

图 4.17　混凝土填充率-长细比关系

混凝土填充率与径厚比关系拟合曲线结果如图 4.18 所示。

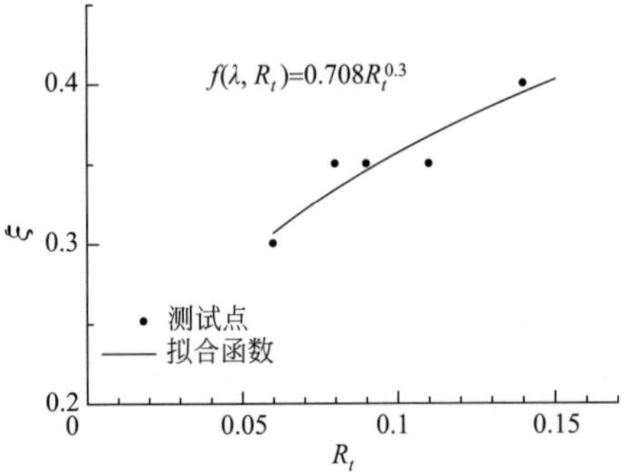

图 4.18　混凝土填充率-径厚比关系

当长细比 $\lambda=0.248$，径厚比 $R_t=0.06\sim0.14$ 时，得

$$\xi=f(\lambda,R_t)=0.708R_t^{0.3} \tag{4.8}$$

经过上述单参数分析推导得到的混凝土填充率的关系公式，综合统计分析，得到混凝土填充率与长细比、径厚比双参数下的关系如下式所示。

$$\xi=f(\lambda,R_t)=1.77(0.82-1.76\lambda)R_t^{0.3}\qquad(0.1<\lambda<0.3) \tag{4.9}$$

$$\xi = f(\lambda, R_t) = 0.64R_t^{0.3} \qquad (\lambda \geqslant 0.3) \tag{4.10}$$

基于单参数分析推导混凝土填充率的公式基础上，对 9 组 60 个模型，每组选取延性最大的桥墩进行数据整理和分析，给出了桥墩极限荷载 H_u/H_y、极限位移 δ_u/δ_y 与长细比 λ 和径厚比 R_t 的关系如下：

$$\frac{H_u}{H_y} = \frac{3.06R_t^{0.09}}{\lambda^{0.15}} - 1.3 \tag{4.11}$$

$$\frac{\delta_u}{\delta_y} = 0.384 \times \frac{833R_t^2 - 191.7R_t + 17.5}{\lambda^{1.03}} - 3.9 \tag{4.12}$$

拟合曲线如图 4.19 所示。图 4.19(a) 表示桥墩极限荷载与长细比的关系曲线，图 4.19(b) 表示桥墩极限荷载与径厚比的关系曲线，图 4.19(c) 表示桥墩极限位移与长细比的关系曲线，图 4.19(d) 表示桥墩极限位移与径厚比的关系曲线。

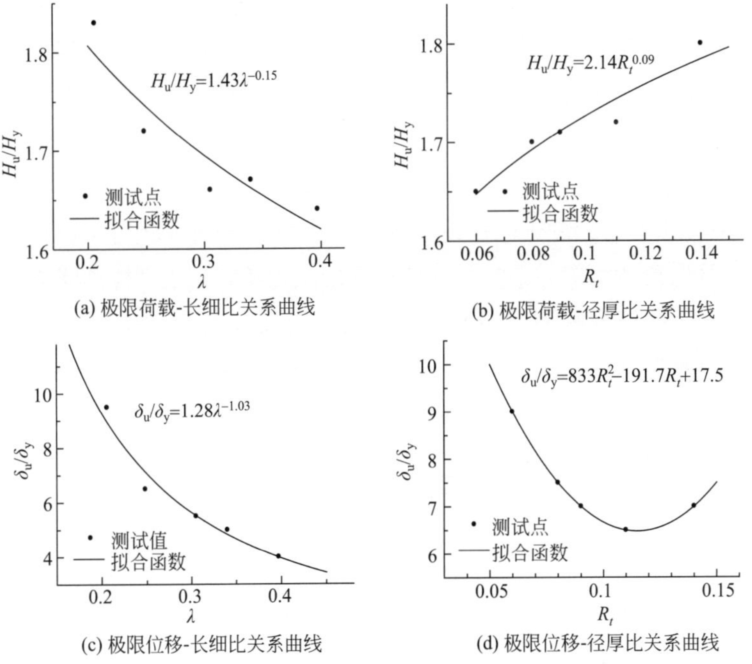

图 4.19　极限荷载及极限位移与长细比和径厚比关系曲线

4.2 偏心部分填充混凝土圆形钢桥墩面内水平荷载作用下力学性能

随着现代城市交通的快速发展，在国内各大城市高架桥、环城高速中已经出现以偏心受压钢管混凝土为下部承重结构的桥墩。钢管混凝土桥墩结构具有承载力高、延性以及抗震性能好、占地面积小、外形美观、施工简单等优点。但是在受到地震作用时桥梁会产生顺桥及横桥方向上的变形，使得桥墩承受压、弯、剪和扭组合作用，不利于桥墩抗震性能的发挥。近年来，国外学者 Usami. T 等对轴心受压空钢管桥墩的抗震性能进行了试验及有限元分析研究，验证了桥墩具有良好的强度、延性性能。S. B. Gao 等建立了钢桥墩简化的有限元简化模型，通过与试验结果对比，验证了有限元分析的有效性，并且通过大量有限元模拟分析，推出了无偏心和偏心受压空心钢桥墩水平力 H 与水平位移 δ 之间的经验公式，为偏心受压钢桥墩的抗震设计提供了理论基础。然而对于偏心受压的部分填充混凝土钢桥墩，是否也存在着同样的关系，还未有这方面的研究报道。因此，本节通过 ABAQUS 有限元分析软件建立部分填充混凝土钢桥墩简化模型，探析了竖向荷载的偏心率对部分填充混凝土钢桥墩抗震性能的影响，获得了偏心受压桥墩 H-δ 滞回曲线与无偏心受压桥墩 H-δ 滞回曲线之间的关系式，该经验公式的建立将对偏心受压部分填充混凝土圆形钢桥墩横桥方向抗震性能设计提供理论依据。

4.2.1 建立有限元分析模型

以城市高架桥中倒 L 形钢桥墩（图 4.20）为研究对象，利用有限元分析软件 ABAQUS 建立该类型桥墩的分析模型，桥墩模型的参数如表 4.4 所示。

(a) 倒L形钢桥墩

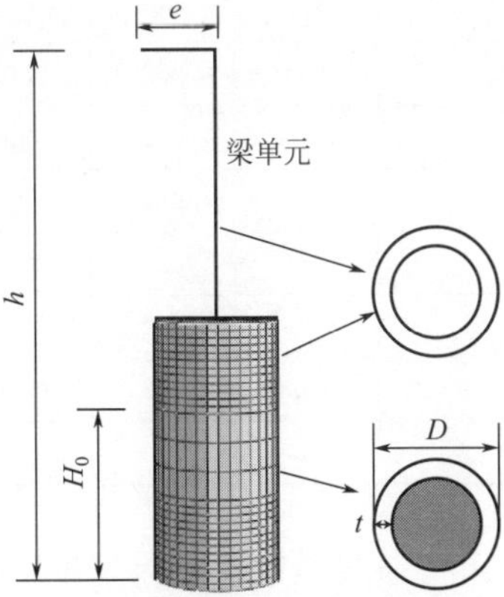

(b) 有限元模型

图 4.20　倒 L 形钢桥墩及有限元模型

表 4.4　桥墩模型参数

模型编号	R_t	λ	h/mm	e	D/mm	t/mm	H_0/mm
1	0.07	0.2	5340	0	2000	39	1708.8
2	0.07	0.2	5340	0.1	2000	39	1708.8
3	0.07	0.2	5340	0.15	2000	39	1708.8
4	0.07	0.2	5340	0.2	2000	39	1708.8
5	0.08	0.3	9140	0	2256	39	2924.8
6	0.08	0.3	9140	0.1	2256	39	2924.8
7	0.08	0.3	9140	0.15	2256	39	2924.8
8	0.08	0.3	9140	0.2	2256	39	2924.8
9	0.07	0.4	10650	0	2000	39	3408
10	0.07	0.4	10650	0.1	2000	39	3408
11	0.07	0.4	10650	0.15	2000	39	3408
12	0.07	0.4	10650	0.2	2000	39	3408
13	0.09	0.2	6800	0	2542	39	2176

续表

模型编号	R_t	λ	h/mm	e	D/mm	t/mm	H_0/mm
14	0.09	0.2	6800	0.1	2542	39	2176
15	0.09	0.2	6800	0.15	2542	39	2176
16	0.09	0.2	6800	0.2	2542	39	2176
17	0.08	0.2	6020	0	2256	39	1926.4
18	0.08	0.2	6020	0.1	2256	39	1926.4
19	0.08	0.2	6020	0.15	2256	39	1926.4
20	0.08	0.2	6020	0.2	2256	39	1926.4

由于此类桥墩在受地震作用时主要在下部位置发生破坏，因此建模时对钢桥墩柱的上半部通过梁单元进行了简化（图 4.21），下半部则以壳单元（S4R）建立圆形钢管部分，实体单元（C3D8R）建立内填混凝土部分。关于连接和接触的设置，上部简化的梁单元和下部钢管壳单元采用刚体壳单元连接，刚体壳单元和下部钢管部分之间采用绑定连接，钢管与混凝土之间接触部分则采用面面硬接触。

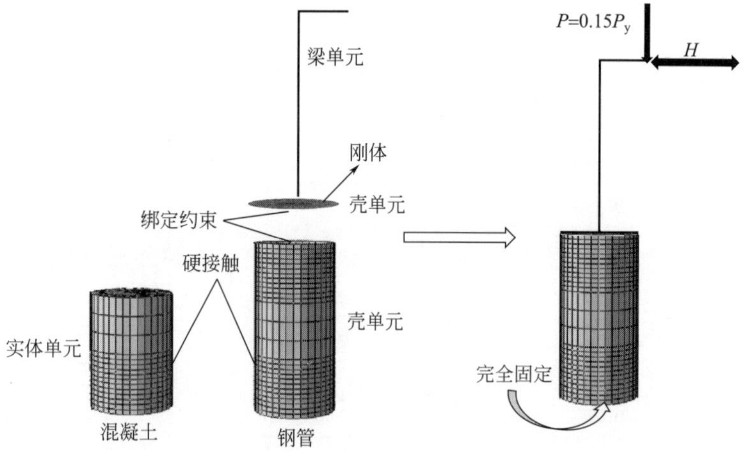

图 4.21　不同单元之间接触及边界条件的设置

边界条件及加载形式：考虑桥墩基础对桥墩的束缚作用，在桥墩柱底部设置成完全固定的边界条件，加载形式为在桥墩柱顶先施加恒定的偏心竖向荷载 P，取值为 0.15P_y（P_y 为空钢管竖向屈服荷载），其竖向荷载的偏心率 e=0、0.1、0.15 和 0.2 四种情况，然后在横桥方向施加往复水平的递增荷载，以位移形式进行控制加载，加载规则为±δ_y，±2δ_y，±3δ_y，……，±10δ_y。

钢材选用 Q345 钢材，分析时采用可以考虑包辛格效应的两折随动强化本构关系模型，屈服强度 σ_y 为 345MPa，弹性模量 E 为 206GPa，泊松比 ν 为 0.28，二次模量取 1/100E，混凝土选用 C20 混凝土，分析时混凝土材料采用塑性损伤本构模型，抗压强度 σ_c 为 22.4MPa，弹性模量 E 为 19771.3MPa，泊松比 ν 为 0.2。

4.2.2　有限元结果

（1）偏心率对部分填充混凝土钢桥墩抗震性能的影响

为了考察偏心率对部分填充混凝土钢桥墩抗震性能的影响，取设计参数为 R_t=0.07、λ=0.2 无偏心与偏心模型的水平荷载-位移（H-δ）滞回曲线做了对比，并进行了无量纲化处理，其对比分析结果如图 4.22 所示。图中横坐标为水平位移 δ/δ_y，纵坐标为水平力 H/H_y。虚线为无偏心桥墩柱模型结果，实线为偏心桥墩柱模型结果。

从图 4.22 可以明显看出，无偏心桥墩柱模型的正负方向最大水平承载力大致相同，而偏心桥墩柱模型的正方向最大水平承载力低于轴压模型结果，负方向最大水平承载力则较高于轴压模型结果，且偏心率越大，非对称性也越显著，桥墩的抗震性能降低。

（2）无偏心桥墩柱和偏心桥墩柱承受水平荷载作用时的理论分析

图 4.23 为无偏心与偏心桥墩柱的受力简化图。其中 H_c 和 H_e 分别代表无偏心与偏心桥墩柱承受的水平荷载，δ_c 和 δ_e 分别为无偏

心与偏心情况时柱承受水平荷载 H_c、H_e 所发生的位移。

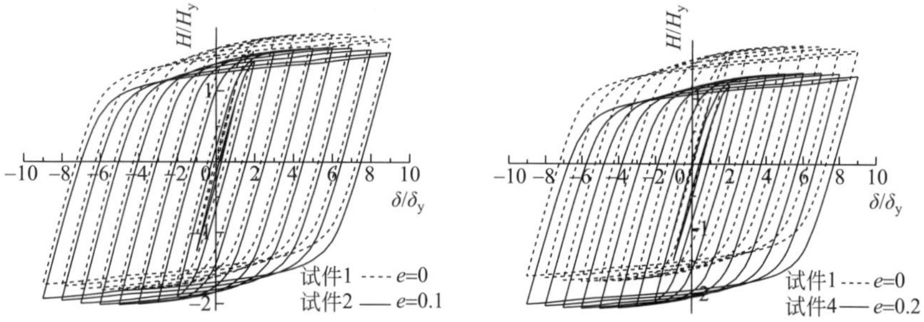

(a) 试件1与试件2对比　　(b) 试件1与试件4对比

图 4.22　钢桥墩荷载-位移滞回曲线

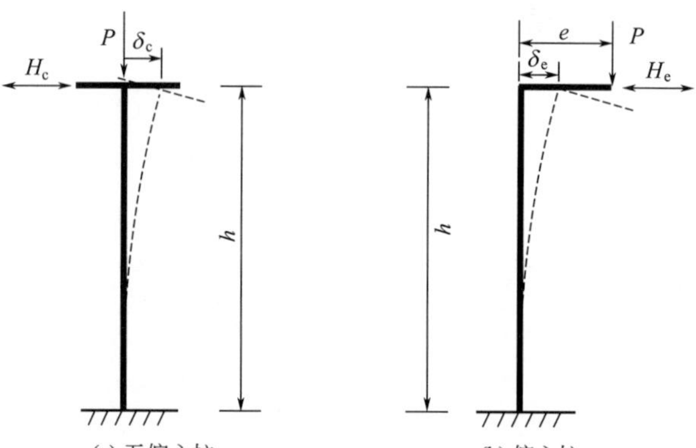

(a) 无偏心柱　　(b) 偏心柱

图 4.23　无偏心与偏心桥墩柱结构简图及受力方式

在不考虑桥墩柱剪切变形情况下，根据弹性理论，δ_c 与 δ_e 的计算式为

$$\delta_c = \frac{H_c h^3}{3EI} \tag{4.13}$$

$$\delta_e=\delta_0+\frac{H_e h^3}{3EI} \tag{4.14}$$

其中，δ_0 为竖向偏心荷载 P 作用下产生的初始位移，其计算式为

$$\delta_0=\frac{Peh^2}{2EI} \tag{4.15}$$

通过式(4.13)～式(4.15) 可以得出 δ_c 和 δ_e 之间的关系式，即

$$\delta_e-\delta_c-\delta_0=\frac{h^3}{3EI}(H_e-H_c) \tag{4.16}$$

式(4.16) 中，$\delta_e-\delta_c$ 表示桥墩柱在偏心及无偏心轴压下水平位移差；H_e-H_c 值可通过式(4.15)、式(4.16) 计算得

$$H_e-H_c=\begin{cases}-3M_0/(2h) & \delta_e-\delta_c=0\\ -M_0/h & \delta_e-\delta_c=\delta_0/3\\ 0 & \delta_e-\delta_c=\delta_0\end{cases} \tag{4.17}$$

图 4.24 为无偏心及偏心受压两种条件下桥墩柱的水平荷载-位移骨架曲线关系简图，其中图 4.24(a) 为无偏心桥墩柱骨架曲线简图，图 4.24(b) 为偏心桥墩柱骨架曲线简图。式(4.17) 求得桥墩柱在弹性阶段内，两种受压情况的桥墩柱在产生相同水平位移，即位移差为 0（$\delta_e-\delta_c=0$）时所对应的水平力 H_e 与 H_c 的差值为 $-3M_0/(2h)$。

在图 4.24(a) 中取坐标原点 O（即先假定无偏心柱产生的水平位移为 $\delta_e=0$，此时 $H_c=0$），通过式(4.17) 可知偏心桥墩柱与无偏心柱产生相同的水平位移，即 $\delta_e=0$ 时，H_e 的值为 $-3M_0/(2h)$，该值与图 4.24(b) 中的 A 点的纵坐标值相对应。

而当水平位移差为 $\delta_e-\delta_c=\delta_0/3$ 时，δ_e 对应的水平力 H_e 与 H_c 的差值为 $-M_0/h$，该值则与图 4.24(b) 中的点 B 的纵坐标值相对应。

同理，当水平位移差为 $\delta_e-\delta_c=\delta_0$ 时，H_e 与 H_c 的差值与

图 4.24(b) 中点 C 的纵坐标值相对应。

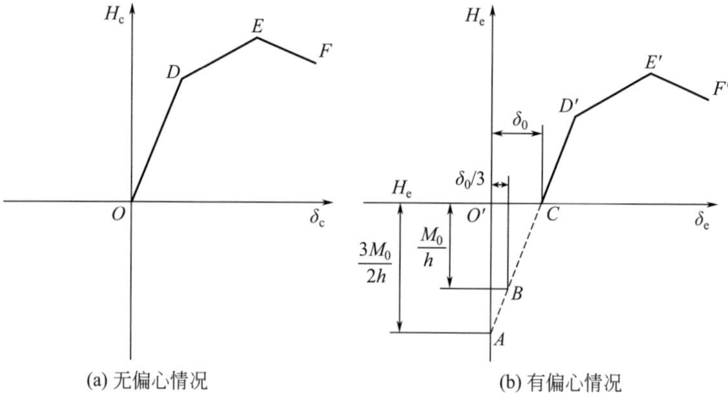

(a) 无偏心情况　　(b) 有偏心情况

图 4.24　无偏心与偏心桥墩柱水平荷载-位移骨架曲线关系简图

由此可知，桥墩在弹性范围内，随着水平位移差 $\delta_e-\delta_c$ 的变化，H_e 和 H_c 之间的差值也随之发生变化。然而，当桥墩遭遇罕遇地震时将进入弹塑性阶段，因此有必要探明桥墩在弹塑性阶段 H_e 与 H_c 之间的关系。

图 4.25 为 20 个无偏心和偏心桥墩模型正负方向水平最大承载力差值的统计结果。图 4.25 中纵坐标为正负方向水平最大承载力差的绝对值 $|H_{c,max}-H_{e,max}|$ 与（M_0/h）的比值，其中 $H_{c,max}$ 和 $H_{e,max}$ 分别代表无偏心和偏心桥墩柱的水平最大承载力。通过图 4.25 可知，$H_{c,max}$ 和 $H_{e,max}$ 的差值大致在 $1.05M_0/h$ 上下波动，并且离散性较小，因此 H_e-H_c 可由下式表示：

$$H_e-H_c=-1.05M_0/h \tag{4.18}$$

为了证明在任意水平位移差所对应的水平力差值关系均适用于式(4.18)，笔者对典型模型 2、4、11 和 12 在不同水平位移差条件时所对应的水平承载力差值进行了统计分析，其对比结果如图 4.26 所示。

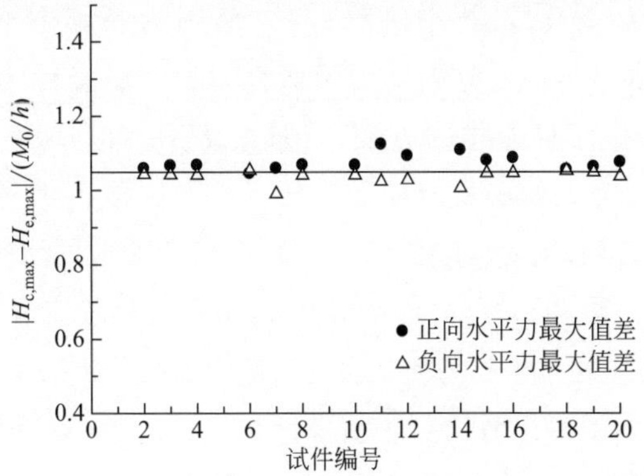

图 4.25　无偏心及偏心桥墩模型水平最大承载力差值

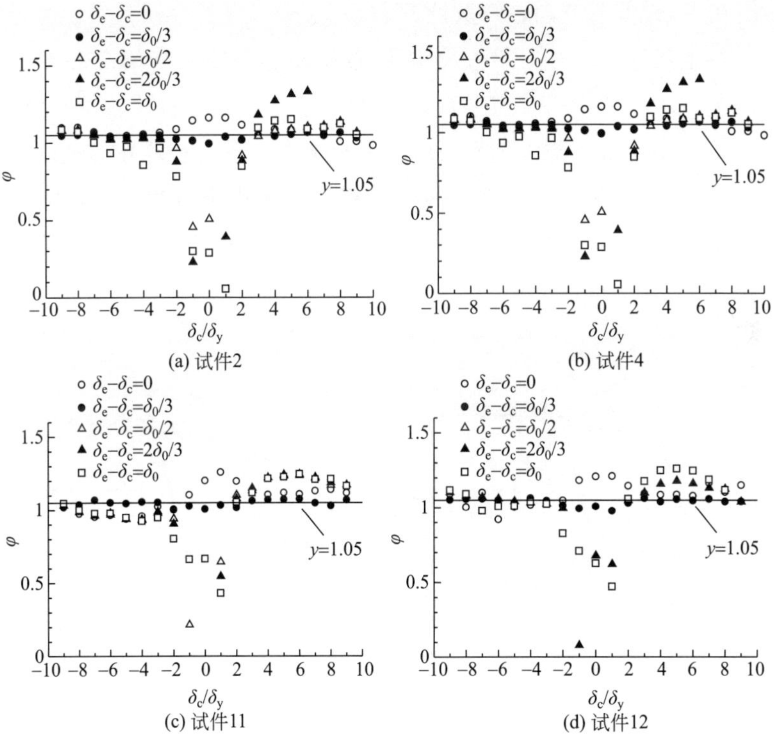

图 4.26　不同水平位移差下水平承载力差值对比

图中横坐标为 δ_c/δ_y，其中（$-1,1$）范围为桥墩柱的弹性阶段，（$-10,-1$）和（$1,10$）范围则为弹塑性阶段。纵坐标为 $|H_c-H_e|/(M_0/h)$［为了后面论述的方便，$|H_c-H_e|/(M_0/h)$ 用参数 φ 表示］，其中 H_c 为无偏心桥墩柱发生任意水平位移 δ_c 所对应的水平反力，H_e 为偏心桥墩柱发生任意水平位移 δ_e 所对应的水平反力。对比时共考虑了 0、$\delta_0/3$、$\delta_0/2$、$2\delta_0/3$ 和 δ_0 五种位移差值情况，每种位移差值情况所对应的水平反力均从模型的滞回曲线分析结果中取值。

从图 4.26 中可以看出：①横坐标在（$-1,1$）即弹性范围时，参数 φ 分布比较发散；②在弹塑性范围，参数 φ 分布较弹性范围收敛；③在（$-10,10$）范围内，即整个加载过程 $\delta_e-\delta_c=\delta_0/3$ 情况对应的 φ 值在 1.05 上下波动，离散性较小。

综上所述，$\delta_e-\delta_c=\delta_0/3$ 位移差条件下无偏心与偏心部分填充混凝土桥墩柱的水平反力关系式(4.18) 在弹性和塑性阶段均有效。

（3）偏心桥墩与无偏心桥墩水平承载力关系式有效性的验证

图 4.27 为 $R_t=0.07$、$\lambda=0.2$ 部分模型的滞回曲线，其中实线为有限元分析结果，虚线是根据无偏心有限元分析的滞回曲线通过式(4.18) 计算得出的偏心模型预测滞回曲线结果。

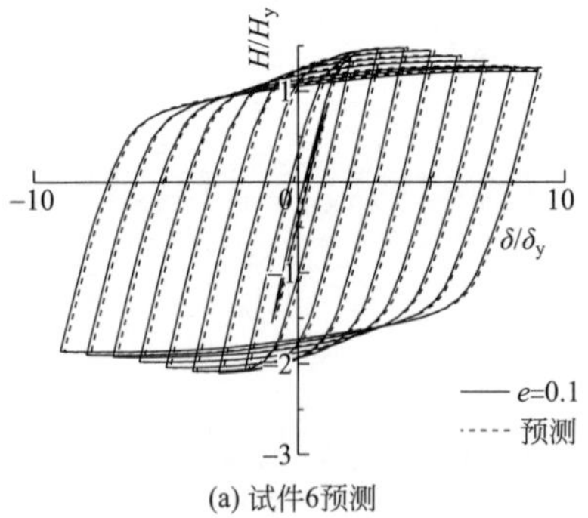

(a) 试件6预测

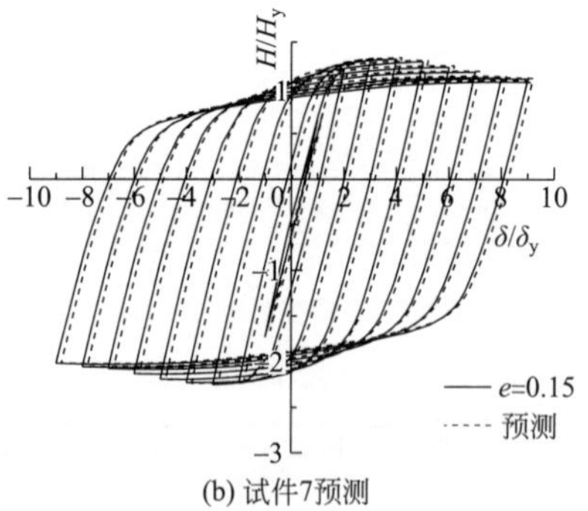

(b) 试件7预测

图 4.27 偏心桥墩水平荷载-位移滞回曲线结果预测

图 4.28 为偏心受压模型的骨架曲线结果，图中实线为有限元分析结果，虚线则是根据无偏心有限元分析的骨架曲线结果通过

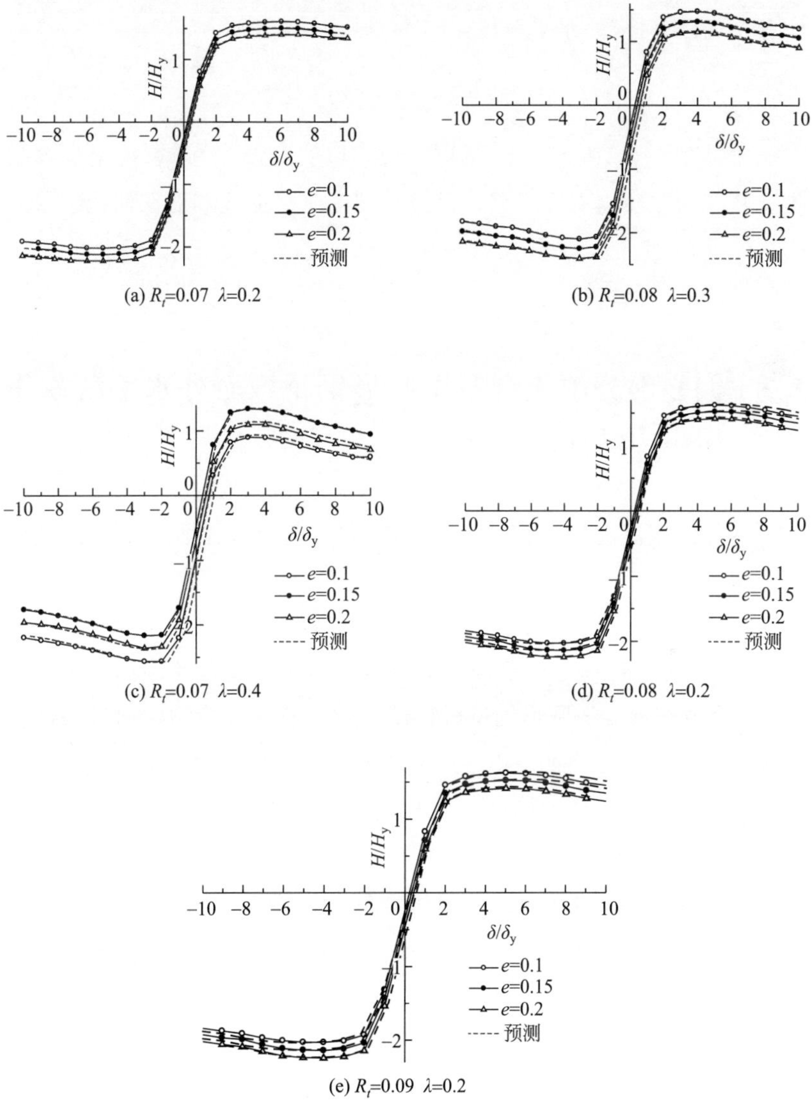

图 4.28　偏心桥墩水平荷载-位移骨架曲线结果预测及对比

式(4.18) 计算得出的偏心模型预测骨架曲线结果。

其计算过程如下。①给出无偏心桥墩柱的水平荷载-水平位移骨架曲线或滞回曲线，即 δ_c 和 $H_c(\delta_c)$ 值为已知；②计算偏心桥墩柱任意 δ_e 值所对应的水平荷载：

$$H_e(\delta_e)=H_c(\delta_e-\delta_0/3)-1.05\frac{M_0}{h} \tag{4.19}$$

通过图 4.27 和图 4.28 可以看出，以式(4.19) 计算得出的骨架曲线和滞回曲线与有限元分析直接得到的骨架曲线和滞回曲线结果无论在弹性阶段还是在塑性阶段吻合性均较好，因此能够验证经验式(4.19) 的有效性。

4.3 偏心部分填充混凝土圆形钢桥墩面外水平荷载作用下力学性能

本节以城市高架桥倒 L 形钢桥墩为对象，研究竖向偏心荷载对部分填充混凝土圆形钢桥墩在顺桥方向（面外）抗震性能的影响。在研究中，首先，为了验证有限元分析的有效性，采用有限元分析软件 ABAQUS 对以往恒定的竖向偏心荷载及水平往复荷载共同作用下的 4 个部分填充混凝土圆形钢桥墩柱试件建立有限元模型。通过与试验结果的对比分析，验证了本书所采用的有限元分析模型单元选取、划分、接触和边界条件的设置是合理的。然后，变化桥墩长细比、径厚比及竖向荷载偏心率等参数，设计了 30 个部分填充混凝土圆形钢桥墩进行非线性有限元分析。通过考察水平荷载-位移骨架曲线等结果，探明竖向荷载偏心率 e/L 变化对该类桥墩顺桥方向上最大承载力和延性的影响。

4.3.1 有限元分析模型

以城市高架桥中倒 L 形桥墩为研究对象，设计了 30 个部分填充混凝土圆形钢桥墩模型，参数如表 4.5 所示，简化模型如图 4.29(a) 所示。表中 L 为桥墩高度；t 为钢管壁厚；λ 为桥墩的长细比参数；R_t 为桥墩截面的径厚比参数；$\xi=H_0/L$ 为桥墩中混凝土的填充率，其中 H_0 为混凝土的填充高度，根据以往的研究成果确定；P 为上部结构传递下来的竖向荷载，根据已有钢桥墩受上部结构荷载的统计结果，P 取 $0.15P_y$（P_y 为空钢管的屈服轴力）；e/L 为竖向荷载偏心率，其中 e 为竖向荷载偏心距离；H_y 和 δ_y 分别为桥墩顺桥方向屈服荷载和屈服位移。所有分析模型的钢管直径 D 均为 3000mm。

表 4.5　模型几何参数及尺寸

模型编号	L/mm	t/mm	λ	R_t	$\xi=H_0/L$	P/kN	e/L	H_y/kN	δ_y/mm
SJ1	17000	70	0.30	0.06	0.22	33344	0.00	7952.2	91.42
SJ2							0.05	6285.0	72.95
SJ3							0.10	4617.7	55.13
SJ4							0.15	2950.5	36.86
SJ5							0.20	1283.3	17.02
SJ6	17000	52	0.30	0.08	0.24	24922	0.00	6015.3	91.42
SJ7							0.05	4769.2	73.18
SJ8							0.10	3523.1	55.61
SJ9							0.15	2276.9	37.60
SJ10							0.20	1030.8	18.02
SJ11	17000	42	0.30	0.10	0.26	20198	0.00	4907.6	91.42
SJ12							0.05	3897.7	73.31
SJ13							0.10	2887.8	55.87
SJ14							0.15	1877.9	38.01
SJ15							0.20	868.0	18.66

续表

模型编号	L/mm	t/mm	λ	R_t	$\xi=H_0/L$	P/kN	e/L	H_y/kN	δ_y/mm
SJ16	17000	35	0.30	0.12	0.28	16871	0.00	4118.5	91.42
SJ17							0.05	3274.9	73.40
SJ18							0.10	2431.4	56.05
SJ19							0.15	1587.8	38.30
SJ20							0.20	744.6	19.06
SJ21	14300	42	0.25	0.10	0.34	20198	0.00	5834.2	64.69
SJ22							0.05	4824.3	54.01
SJ23							0.10	3817.4	43.92
SJ24							0.15	2804.5	33.79
SJ25							0.20	1794.6	22.96
SJ26	20000	42	0.35	0.10	0.32	20198	0.00	4171.5	126.54
SJ27							0.05	3161.6	96.83
SJ28							0.10	2151.7	67.78
SJ29							0.15	1141.8	37.63
SJ30							0.20	131.9	4.62

为了便于单参数分析，在长细比 $\lambda=0.30$ 时，径厚比 R_t 取 0.06、0.08、0.10 和 0.12 四种情况；径厚比 $R_t=0.10$ 时，长细比 λ 取 0.25、0.30 和 0.35 三种情况；在 R_t 和 λ 一定时，竖向荷载偏心率 e/L 分别取 0、0.05、0.1、0.15、0.2 五种情况进行分析。桥墩顺桥方向屈服荷载 H_y 和屈服位移 δ_y 由下式求得。

$$H_y=\frac{M_y(1-P/P_y)}{L}-\frac{Pe}{L} \tag{4.20}$$

$$\delta_y=\frac{H_yL^3}{3EI}\left[1+3(1+\nu)\left(\frac{e}{L}\right)^2\right] \tag{4.21}$$

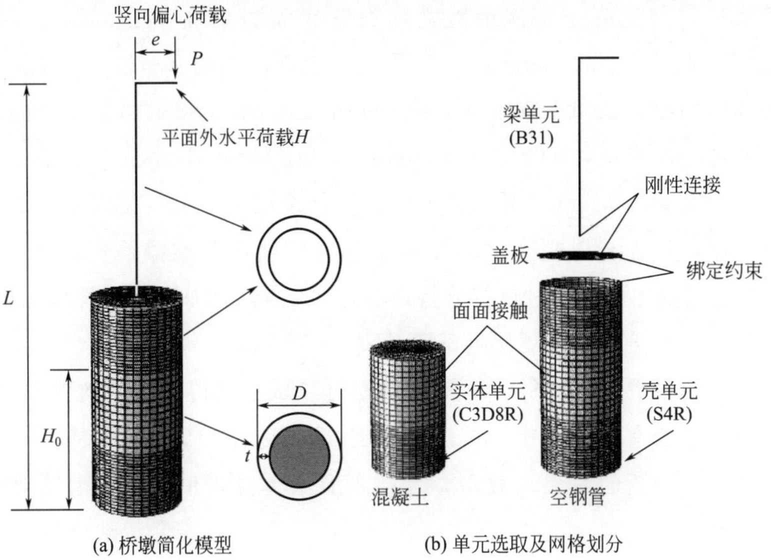

图 4.29　分析模型

4.3.2　有限元分析模型的设置及验证

单元的选取和划分：在保证分析精度、更好地考察该类桥墩受力及破坏机理的前提下，同时为了减少分析时间，简化的分析模型如图 4.29 所示。由于在地震作用下，桥墩柱上半部分及盖梁处于弹性阶段，采用梁单元（B31），钢管柱下半部分有可能会发生局部失稳变形，因而采用四节点减缩积分 S4R 壳单元。钢管上部梁单元与下部壳单元在桥墩设有横隔板处进行单元转化，横隔板假定为刚体与下部壳单元采用绑定约束（tie）。钢管壳单元沿圆周方向划分 36 个网格，在高度方向对柱底 $2/3D$ 及混凝土上方 $2/3D$ 高度钢管处进行加密处理（单元网格的长：高＞3：1），其他部分单元网格划分较为稀疏。内填混凝土部分采用减缩积分 C3D8R 实体单元，混凝土单元网格沿圆周方向及高度方向与钢管单元网格划分相同，沿径向由内向外逐渐加密划分。接触设置：由于内填混凝土与钢管为两种材料，在钢管壳单元与混凝土实体单元之间设置成面面接触（surface to surface），从面（slave surface）为混凝土表面，主面（master surface）为钢管内壁，法向设置成硬接触（hard contact），接触面切线方向设置成库仑摩擦接触（Coulomb friction）。在本书中，钢管与混凝土之间的摩擦系数取 0.6。其主要考虑如下两个因素：①根据以往研究可知，随着钢板与混凝土之间接触正应力的增加其摩擦系数在 0.2～0.6 之间变化；②通过试行分析，摩擦系数取 0.6 时，具有较好的收敛性，并且分析结果更接近试验结果。

钢材及混凝土材料力学特性根据材质试验取得。试验试件尺寸、力学参数及有限元分析与试验结果对比如表 4.6 所示。表中，H_{max} 为有限元分析的最大承载力，δ_{max} 为有限元分析最大承载力所对应的位移，H'_{max} 为试验的最大承载力，δ'_{max} 为试验最大承载力所对应的位移。为了验证有限元分析的有效性，采用上述有限元建模方法对以往恒定竖向偏心荷载及平面外往复荷载作用下的 4 个部分填充混凝土圆形钢桥墩柱试验试件进行了有限元分析。

表 4.6　试件尺寸、力学参数及有限元分析和试验结果对比

试件编号	L /mm	D /mm	e/L	H_0 /mm	ξ	P /kN	有限元分析结果		试验结果		H_{max}/H'_{max}	$\delta_{max}/\delta'_{max}$
							H_{max} /kN	δ_{max} /mm	H'_{max} /kN	δ'_{max} /mm		
S1	1530	300	0.10	535	0.35	183.4	129.1	23.96	129.6	27.45	1.00	0.87
							−128.25	−23.84	−127.0	−28.74	1.01	0.83
S2				627	0.41	274.9	124.5	21.00	130.8	26.53	0.95	0.79
							−122.4	−21.00	−126.38	−27.06	0.97	0.78
S3		360	0.10	535	0.35	220.8	182.7	21.04	185.1	25.64	0.99	0.73
							−180.3	−21.04	−168.1	−29.52	1.07	0.71
S4				535	0.35	331.0	172.9	19.82	170.5	23.81	1.01	0.83
							−170.2	−19.95	−163.1	−26.05	1.04	0.77

试件试验加载装置如图 4.30 所示，竖向荷载采用液压千斤顶偏心施加在试件上，然后在试件面外水平方向通过 MTS 作动器在试件顶部竖向荷载作用位置处施加往复递增位移，施加方式如图 4.31 所示。试件根部采用加劲梁加固，并通过地锚固定在地面水平剪力墙上。

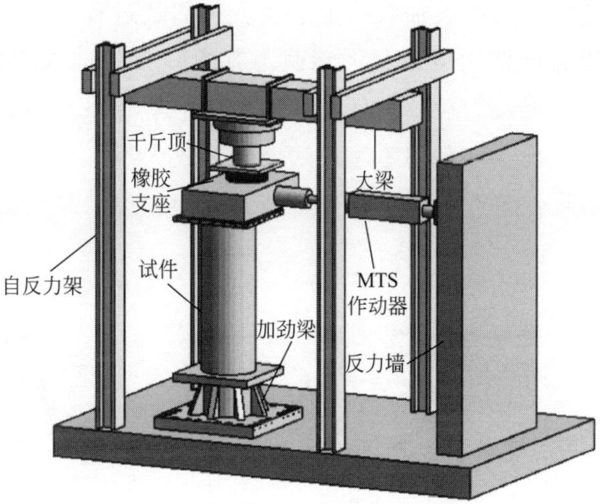

图 4.30　试件试验加载装置

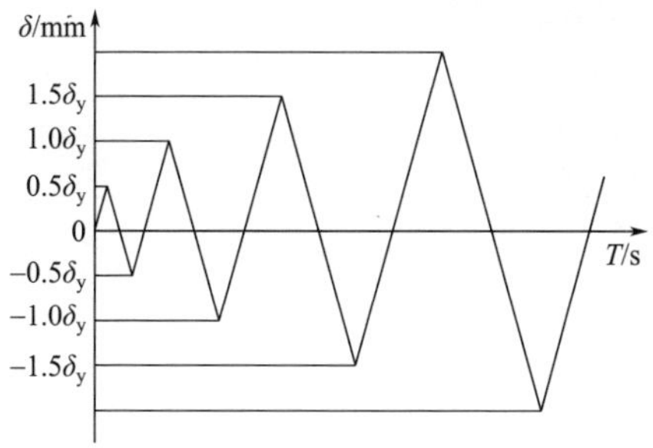

图 4.31　平面外水平荷载施加方式

由表 4.6 可知，有限元分析结果与试验结果的最大承载力的比值在 0.95～1.07 之间，离散性较小，说明试验和有限元分析的最大承载力无论正方向还是负方向均吻合较好。但是，最大承载力所对应的位移离散性较大。试验与有限元分析的水平荷载-水平位移滞回曲线如图 4.32 所示。横坐标为水平位移，纵坐标为水平荷载，实线为试验结果，虚线为有限元分析结果。通过对比可知，有限元分析很好地模拟了试验加载的全过程。在加载过程中，试验和有限元滞回曲线的初期刚度、最大承载力基本一致。进入弹塑性阶段，荷载达到最大承载力后，试件在卸载过程中，有限元分析的刚度退化较试验结果快，卸载到零时的残余变形较大。笔者认为这主要由三个原因所致：①在分析中，模型被设置为理想的悬臂结构，而在

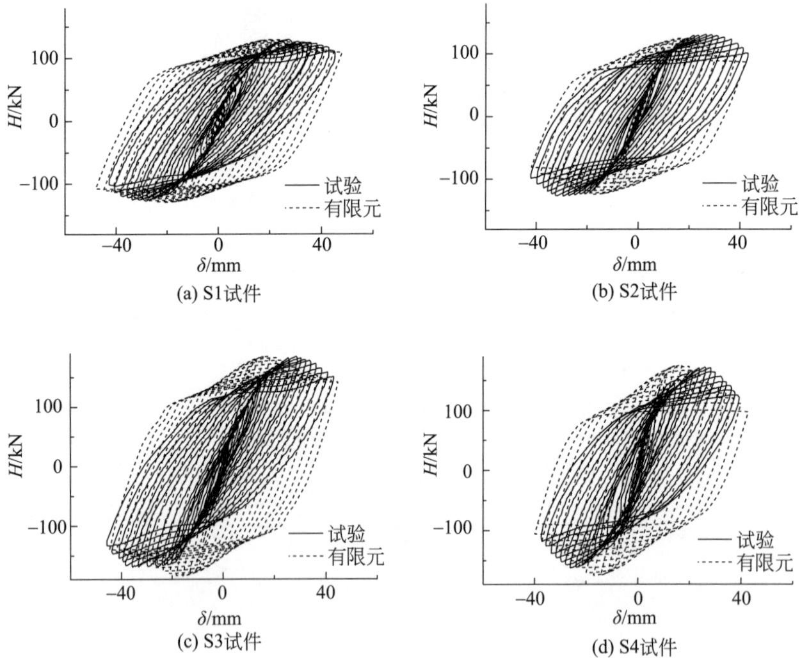

图 4.32　试验试件水平荷载-水平位移滞回曲线

试验过程中，施加恒定竖向荷载的千斤顶会给试件提供一定的抗弯刚度，并且随着水平位移的增加，对试件的弯曲刚度贡献程度也增加；②在分析中混凝土单元被设置为带有损伤的理想各向同性材料，在试验中，混凝土是由碎石、砂、水泥等材料制成，材料各方向力学性能离散性较大，虽然试件的受拉区混凝土会开裂，当反向加载时该部分混凝土由于钢管的约束仍然可以承受压力，但刚度减弱，致使试件刚度退化较快；③在分析中，钢材采用了简化的标准两折线随动本构模型，卸载时，钢材会有较大的塑形变形存在。

4 个试验试件达到最大荷载后位移归零时有限元模型根部混凝土和钢管应力分布、钢管局部变形与试验试件破坏时钢管、混凝土的破坏形态如图 4.33 所示。由图可知，有限元模型钢管底部的局部失稳变形、变形位置与试验试件的破坏形态吻合较好，模型中混凝土较高应力分布位置也恰恰是试验试件的破坏位置。另外，四个试件钢管根部均出现了剪切变形特征，S1、S3 和 S4 试件混凝土出现了较明显的斜裂缝。这主要是随着平面外水平荷载的增加，试件承受的扭矩作用随之增加所致。

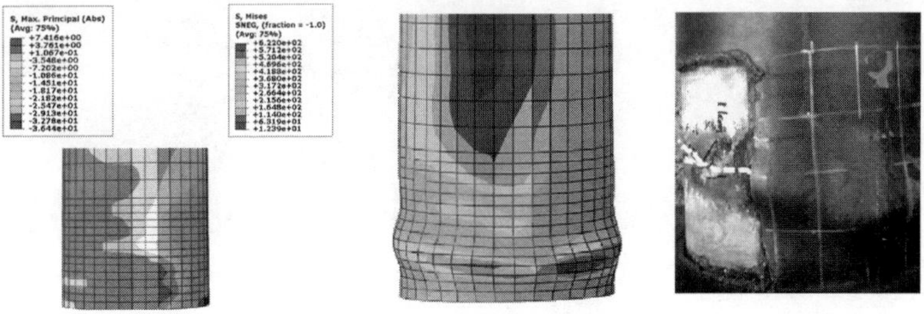

混凝土的应力分布　　钢管的应力分布及局部变形　　试验试件破坏形态

(a) S1试件

图 4.33

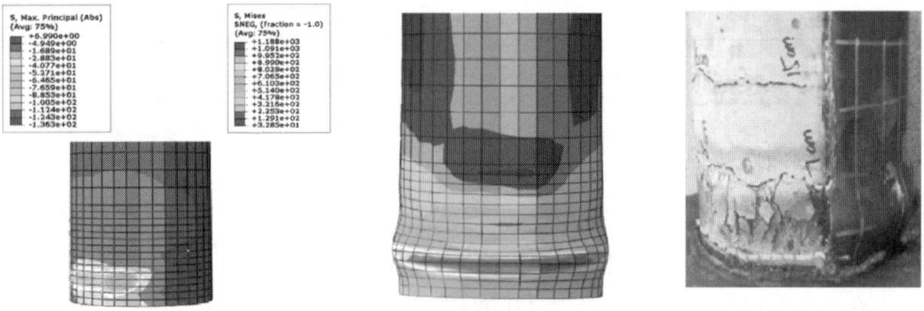

混凝土的应力分布　　钢管的应力分布及局部变形　　试验试件破坏形态

(b) S2试件(δ=0)

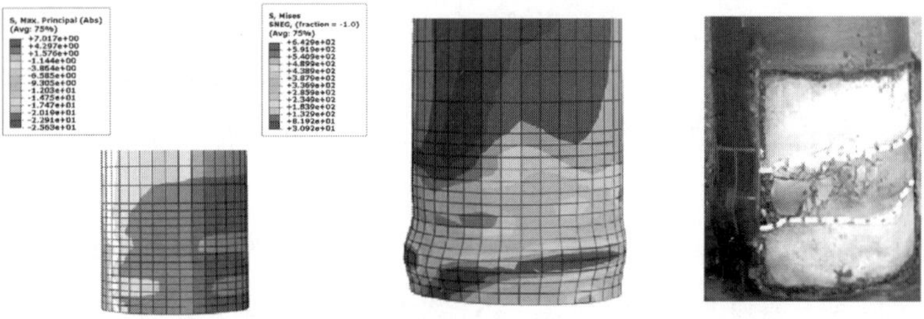

混凝土的应力分布　　钢管的应力分布及局部变形　　试验试件破坏形态

(c) S3试件(δ=0)

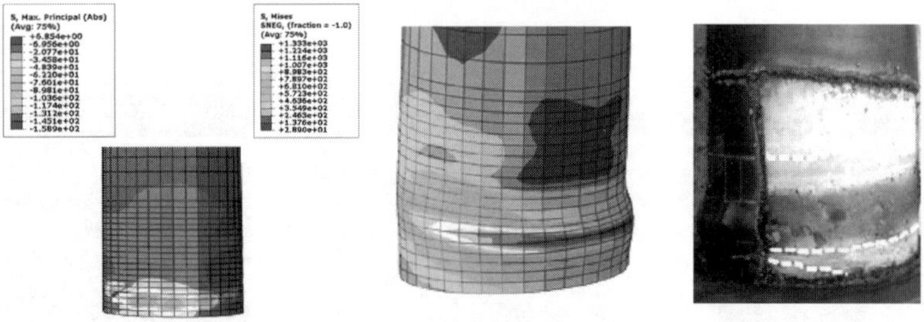

混凝土的应力分布　　钢管的应力分布及局部变形　　试验试件破坏形态

(d) S4试件

图 4.33　试件破坏模态（图中数值单位：MPa）

综上所述，本书所采用的有限元分析建模方法具有较高的精度，说明建模时单元选取、单元划分、接触设置及边界条件是恰当的。

4.3.3 有限元结果

（1）骨架曲线

为了方便讨论竖向偏心荷载对部分填充混凝土圆形钢桥墩在顺桥方向抗震性能的影响，对表 4.5 中的 30 个模型进行有限元分析，将桥墩水平荷载-水平位移滞回曲线绘制成骨架曲线。在其他设计参数不变的情况下，根据竖向荷载偏心率对桥墩抗震性能的影响进行分组，汇总的无量纲化骨架曲线结果如图 4.34 所示，横坐标表示无量纲化水平位移，纵坐标表示无量纲化水平荷载。其中，为了便于考察竖向荷载偏心的影响，进行无量纲化时，H_{y}、δ_{y} 分别取无偏心荷载作用时桥墩的水平屈服荷载和水平屈服位移。

（2）单参数分析

为了定量分析径厚比 R_t、长细比 λ 等设计参数对该类桥墩抗震性能的影响，对上述 30 个有限元分析模型得到的最大承载力及延性等抗震性能指标进行单参数分析。

长细比 $\lambda=0.30$、竖向荷载偏心率 e/L 从 0 变化到 0.20 时，径厚比 R_t 对该类桥墩最大承载力和位移延性的影响规律如图 4.35 所示。图 4.35(a) 表示最大承载力与 R_t 的关系曲线，图 4.35(b) 表示位移延性与 R_t 的关系曲线。在这里，为了便于比较，位移延性定义为桥墩的水平极限位移与竖向无偏心桥墩水平屈服位移的比值。水平极限位移为最大承载力所对应的位移。由图 4.35(a) 可知，偏心率相同的情况下，随着径厚比 R_t 的增加，除 $R_t=0.12$、$e/L=0.20$ 桥墩外，桥墩的承载能力逐渐提高。当 R_t 相同时，随着竖向荷载偏心率的增大，桥墩最大承载能力逐渐降低；偏心率 e/L 从 0.15 变化到 0.20 时，桥墩最大承载力下降的速度较快，e/L 由 0 增加到 0.2 时，最大承载力平均下降了约 24%。由图 4.35(b) 可知，偏心率 e/L 相

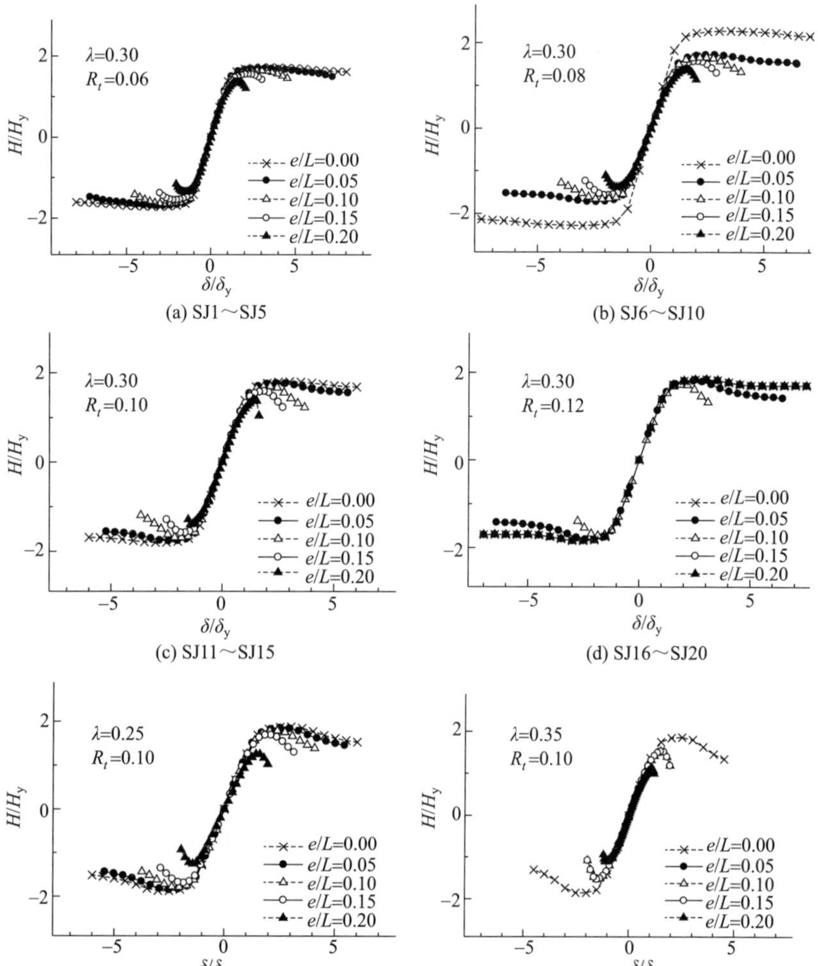

(a) SJ1～SJ5 (b) SJ6～SJ10 (c) SJ11～SJ15 (d) SJ16～SJ20 (e) SJ21～SJ25 (f) SJ26～SJ30

图 4.34 无量纲化水平荷载-水平位移骨架曲线

同的情况下，随着 R_t 的增大，桥墩的位移延性逐渐减小；在 R_t 相同的情况下，随着 e/L 的增加，桥墩的位移延性逐渐降低；当 e/L 由 0 增加到 0.2 时，位移延性平均下降了一半以上。

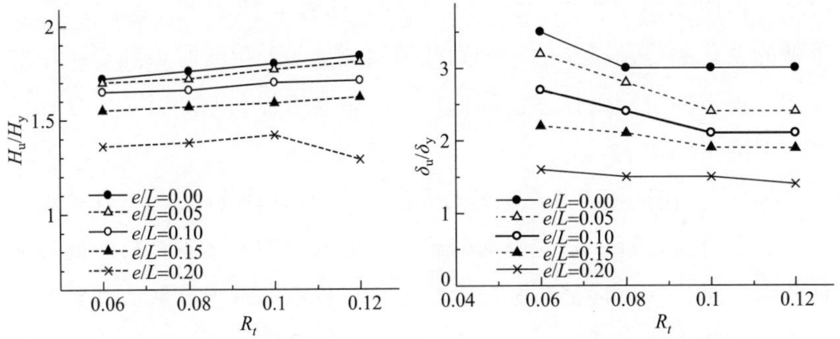

(a) 最大承载力-R_t的关系　　(b) 位移延性-R_t的关系

图 4.35　最大承载力、位移延性与径厚比 R_t 之间的关系

径厚比 $R_t=0.10$、竖向荷载偏心率 e/L 从 0 变化到 0.20 时，长细比 λ 对该类桥墩最大承载力和位移延性的影响规律如图 4.36 所示。

由图 4.36(a) 可知，偏心率 e/L 相同的情况下，除 $\lambda=0.30$、$e/L=0.20$ 桥墩外，各桥墩的最大承载力均随着长细比 λ 的增大而逐渐降低。在 λ 相同的情况下，桥墩的最大承载力随着 e/L 的增加大而减小，当 e/L 从 0.15 变化到 0.20 时，桥墩最大承载力下降的速

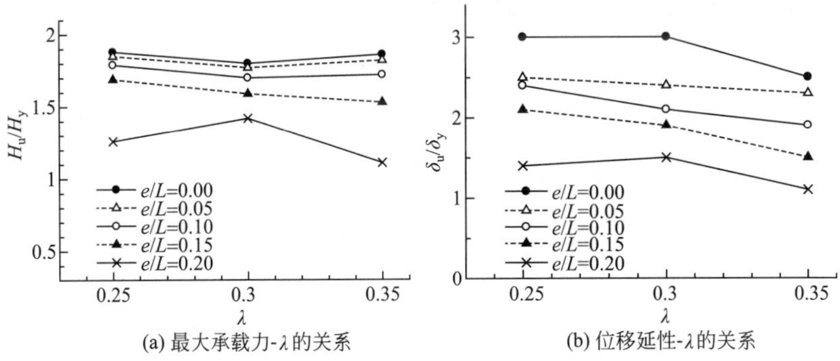

(a) 最大承载力-λ的关系　　(b) 位移延性-λ的关系

图 4.36　最大承载力、位移延性与长细比 λ 之间的关系

度最快；e/L 由 0 增加到 0.2 时，桥墩的最大承载力平均下降超过了 24%。由图 4.36(b) 可知，e/L 相同，随着 λ 的增大，桥墩的位移延性的变化趋势是减小的，个别数值有增大。λ 相同时，随着e/L 的增加，桥墩的位移延性逐渐降低；e/L 由 0 增加到 0.2 时，位移延性平均下降了约 50%。

(3) 竖向偏心荷载桥墩的最大承载力、延性计算公式及有效性验证

综上分析发现，随着竖向荷载偏心率的增加，无论是桥墩的最大承载力还是位移延性都与竖向无偏心荷载桥墩的最大承载力和延性存在着一定的内在关系。为此，在长细比 λ、径厚比 R_t 为设计参数对竖向无偏心荷载部分填充混凝土圆形钢桥墩最大承载力及位移延性影响规律的基础上，通过对上述有限元分析结果的整理、统计分析，建立竖向偏心荷载作用下该类桥墩顺桥方向最大承载力和位移延性的计算公式如下：

$$\frac{H_u}{H_y}=\left(\frac{3.06{R_t}^{0.09}}{\lambda^{0.15}}-1.3\right)\times\varphi_1 \tag{4.22}$$

$$\frac{\delta_u}{\delta_y}=\left(0.384\times\frac{833{R_t}^2-191.7R_t+17.5}{\lambda^{1.03}}-3.9\right)\times\varphi_2 \tag{4.23}$$

其中，φ_1 和 φ_2 分别为竖向偏心荷载作用引起的最大承载力折减系数和位移延性折减系数，其计算如下所示。

$$\varphi_1=\begin{cases}\left(\dfrac{e}{L}+0.86\right)^{-0.6} & \left(0\leqslant\dfrac{e}{L}\leqslant0.15\right)\\ \left(\dfrac{e}{L}+0.94\right)^{-1.24} & \left(0.15<\dfrac{e}{L}\leqslant0.2\right)\end{cases} \tag{4.24}$$

$$\varphi_2=\left(0.72-\frac{e}{L}\right)^{2.4-\frac{R_t}{\lambda}}\quad\left(0\leqslant\frac{e}{L}\leqslant0.2\right) \tag{4.25}$$

为了验证上述竖向荷载偏心作用下该类桥墩顺桥方向最大承载力和延性计算公式的精度，便于工程应用，图 4.37 给出了利用式(4.24)、式(4.25) 计算得到的竖向偏心荷载作用下该类桥墩顺桥

方向最大水平承载力、位移延性的理论值与有限元分析及试验结果对比的误差分析。图 4.37(a) 表示最大水平承载力公式误差分析结果，图 4.37(b) 表示位移延性公式误差分析结果。

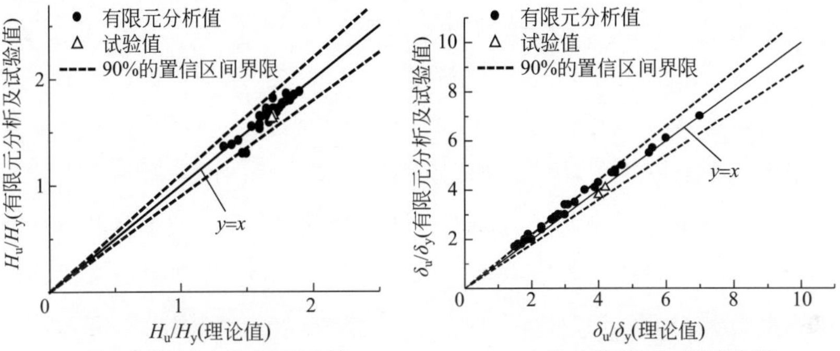

(a) 最大水平承载力公式误差分析　　(b) 位移延性公式误差分析

图 4.37　理论值与有限元分析值的误差分析

由图 4.37 误差分析结果可知，最大水平承载力和位移延性误差结果均在 $y=x$ 直线附近、90％的置信区间界限内波动。表明竖向偏心荷载作用下该类桥墩顺桥方向最大水平承载力和位移延性设计公式具有较高精度，在工程中可以通过式(4.22) 和式(4.23) 计算该类桥墩顺桥方向最大承载力和位移延性性能。

4.4 高架桥中钢及钢-混凝土组合桥墩抗震性能分析及安全评价

4.4.1 工程概况

本书以某五跨连续高架桥实际工程为蓝本，桥梁全长 200000mm，单跨跨度 40000mm，桥梁上部结构采用 5 片工字型钢主梁，梁高 2200mm，间距 2500mm。桥墩采用圆形钢桥墩，桥墩高度为

10000mm，承台厚度为2200mm，桥梁重要程度为1级。该高架桥采用可以分散水平地震作用的弹性板式橡胶支座支承上部结构，基础形式为桩基础，桥面为浇筑式混凝土，厚度为200mm，铺装层为沥青混凝土，层厚70mm。为了考察上部结构偏心作用对桥墩地震响应的影响，上部结构偏心作用在下部结构的偏心率 e/H 分别取0、0.1、0.2，为了考察内填混凝土对空钢管桥墩抗震性能的改善效果，设计了圆形空钢管桥墩和内填一定高度混凝土的圆形钢桥墩两类高架桥，共计6座高架桥。高架桥的立面图、正面图以及内填一定高度混凝土圆形钢桥墩的截面图如图4.38所示。图中，H 为桥墩高度，e 为上部结构恒载作用在支座上的合力距桥墩中线的水平距离，H_c 为内填混凝土的高度，本书取3500mm。

4.4.2 高架桥有限元分析模型

设计的6座高架桥各桥墩的几何尺寸、设计参数以及静力弹塑性力学性能如表4.7所示。关于内填混凝土圆形钢桥墩顺桥向、横桥向屈服荷载 $H_{lg,y}$、$H_{tr,y}$ 和屈服位移 $\delta_{lg,y}$、$\delta_{tr,y}$ 的计算，未考虑内填混凝土补强效果，与空钢管桥墩采用相同的计算方法，依据以往研究成果求得。内填混凝土圆形钢桥和空钢管桥墩顺桥向、横桥向极限荷载 $H_{lg,u}$、$H_{tr,u}$ 和极限位移 $\delta_{lg,u}$、$\delta_{tr,u}$，依据本书第3章给出的计算极限承载力和极限位移计算公式求得。

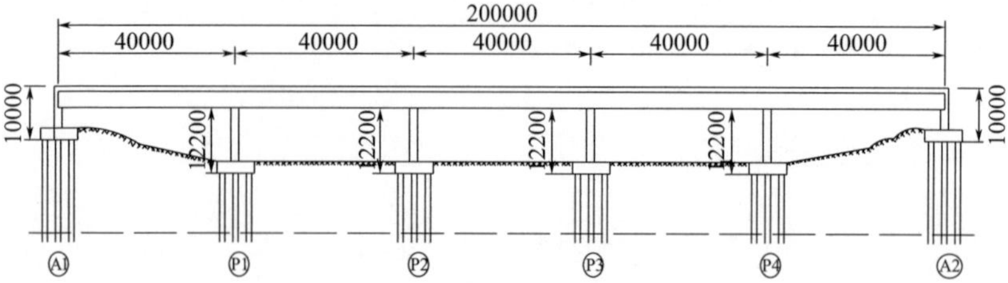

(a) 高架桥总体立面图

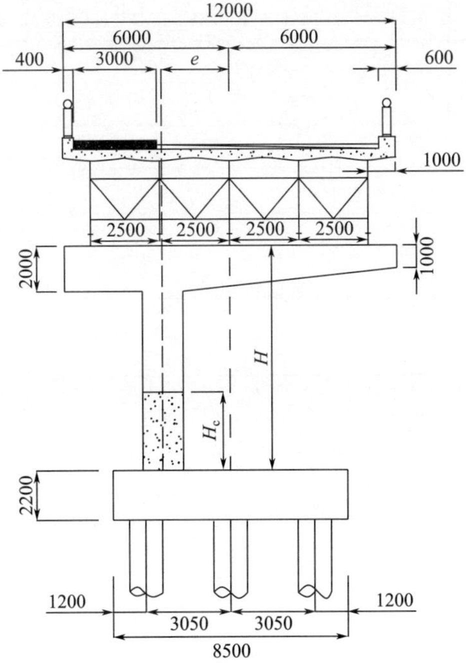

(b) 桥墩正面图

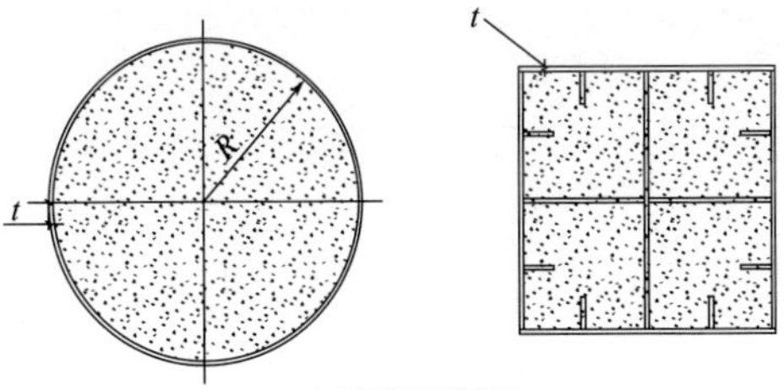

(c) 桥墩截面图

图 4.38　高架桥构造图（单位：mm）

t—钢截面壁厚

表 4.7 各高架桥桥墩几何尺寸、设计参数及静力弹塑性力学性能

<table>
<tr><td>高架桥类型</td><td colspan="3">HS 类型高架桥</td><td colspan="3">CF 类型高架桥</td></tr>
<tr><td>桥墩类型</td><td>P-0E-HS</td><td>P-0.1E-HS</td><td>P-0.2E-HS</td><td>P-0E-CF</td><td>P-0.1E-CF</td><td>P-0.2E-CF</td></tr>
<tr><td>墩高度 H/mm</td><td colspan="6">10000</td></tr>
<tr><td>桥墩的半径 R/mm</td><td colspan="6">1100</td></tr>
<tr><td>桥墩钢板厚 t/mm</td><td colspan="6">32</td></tr>
<tr><td>径厚比 R_t</td><td colspan="6">0.095</td></tr>
<tr><td>长细比 λ</td><td colspan="6">0.34</td></tr>
<tr><td>偏心率(e/L)</td><td>0</td><td>0.1</td><td>0.2</td><td>0</td><td>0.1</td><td>0.2</td></tr>
<tr><td>填充混凝土高度 H_c/mm</td><td>—</td><td>—</td><td>—</td><td>3500</td><td>3500</td><td>3500</td></tr>
<tr><td>顺桥向桥墩屈服荷载 $H_{lg,y}$/kN</td><td>3414</td><td>3404</td><td>3371</td><td>3414</td><td>3404</td><td>3371</td></tr>
<tr><td rowspan="2">横桥向桥墩屈服荷载 $H_{tr,y}$/kN</td><td rowspan="2">3414</td><td>−2290</td><td>−1159</td><td rowspan="2">3414</td><td>−2290</td><td>−1159</td></tr>
<tr><td>+4542</td><td>+5670</td><td>+4542</td><td>+5670</td></tr>
<tr><td>顺桥向桥墩屈服位移 $\delta_{lg,y}$/mm</td><td>43</td><td>45</td><td>49</td><td>43</td><td>45</td><td>49</td></tr>
<tr><td rowspan="2">横桥向桥墩屈服位移 $\delta_{tr,y}$/mm</td><td rowspan="2">43</td><td>−65</td><td>−86</td><td rowspan="2"></td><td>−65</td><td>−86</td></tr>
<tr><td>22</td><td>0</td><td>22</td><td>0</td></tr>
<tr><td>顺桥向桥墩极限荷载 $H_{lg,u}$/kN</td><td rowspan="3">4819</td><td>4638</td><td>4169</td><td rowspan="3">5501</td><td>5637</td><td>4676</td></tr>
<tr><td rowspan="2">横桥向桥墩极限荷载 $H_{tr,u}$/kN</td><td>−3691</td><td>−2564</td><td>−4320</td><td>−3130</td></tr>
<tr><td>+5947</td><td>+7075</td><td>+6690</td><td>+7870</td></tr>
<tr><td>顺桥向桥墩极限位移 $\delta_{lg,u}$/mm</td><td rowspan="3">117</td><td>112</td><td>101</td><td rowspan="3">174</td><td>126</td><td>112</td></tr>
<tr><td rowspan="2">横桥向桥墩极限位移 $\delta_{tr,u}$/mm</td><td>−124</td><td>−130</td><td>−181</td><td>−188</td></tr>
<tr><td>+110</td><td>+102</td><td>+167</td><td>+160</td></tr>
</table>

注：P(piers) 代表桥墩，0E 代表偏心率 e/H 为 0，CF 代表填充混凝土，HS 代表空钢管，荷载及位移前面的“−”代表偏心侧，“+”代表非偏心侧。

在整体高架桥梁抗震性能分析时，在考虑计算精度、能够准确反映地震时结构破坏特征的基础上，尽量缩短分析时间，对上述的高架桥各部分构件进行了模型简化，整体空间三维非线性有限元模型如

图 4.39 所示。上部结构采用刚度等效原则将钢结构主梁及桥面铺装简化成闭合箱型截面的非线性梁单元 B31，其中轴向刚度 $EA=12.41\times10^{7}$kN，抗弯刚度 $EI=151.35\times10^{7}$kN・m^{2}。每个桥墩与上部结构连接的五个弹性橡胶支座，参考《道路橋示方書》V 篇 12.2[❶]，简化为弹簧单元 SPRING，弹性系数如表 4.8 所示。

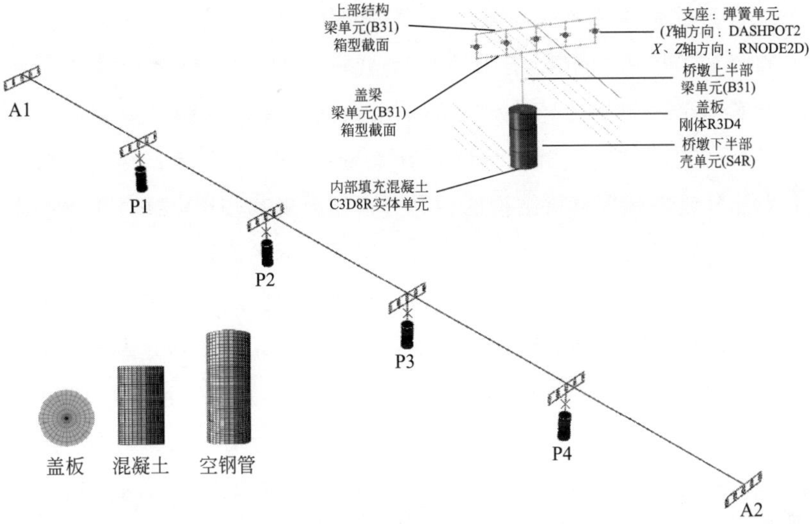

图 4.39　整体桥梁简化模型

表 4.8　支座弹簧单元弹性系数

高架桥橡胶支座支撑方向	A1、A2 桥台	P1～P4 桥墩
纵桥向/(kN/m)	8360	4720
横桥向/(kN/m)	8360	4720
垂直桥面方向/(kN/m)	无穷大	无穷大

❶ 日本道路協会. 道路橋示方書. 同解説 V 耐震設計編 [M]. 东京：丸善出版社，2002.

下部结构的桥台，由于在罕遇地震作用下不容许进入弹塑性，在本模型中未给予考虑，支座直接作用在边界条件上。下部结构的桥墩是桥梁承受地震作用的主要受力构件，在罕遇地震作用下，利用桥墩的弹塑性耗散地震能量确保整个桥梁的安全，为此对桥墩进行简化时，桥墩上半部分钢管柱以及钢盖梁采用非线性梁单元 B31 建模，桥墩下半部分钢管采用壳单元 S4R 建模，高度约为桥墩高度的一半，桥墩柱壳单元与梁单元通过刚体 S3R 连接。对于内填混凝土的圆形钢桥墩，混凝土采用缩减积分 C3D8R 实体单元建模，混凝土实体单元与钢管壳单元之间采用面面法向硬接触，剪切方向遵循库仑法则的摩擦接触，摩擦系数取为 0.6[1]。桥梁上部结构和桥墩上半部分梁单元划分对结构的动力分析结果影响较小，并且也不是本书主要考察对象，在满足基本受力情况下划分的网格比较粗略，上部结构梁单元每跨划分 20 个单元，桥墩梁单元划分 10 个单元。桥墩下半部分壳单元网格划分得比较详细，具体的单元网格划分为沿桥墩圆周方向划分了 32 个网格，沿高度方向遵循壳单元长∶高=1∶2 的原则进行划分，内填混凝土上方的钢管壳单元划分适当加粗。混凝土实体单元网格划分为沿圆周方向及高度方向与桥墩壳单元网格划分一致，沿桥墩截面法向从内向外逐步加密的形式划分了 5 个单元网格。

在材料设置方面，对于钢材上部结构和下部结构均采用 Q345 钢材，分析时钢材的屈服强度 σ_y 取 345MPa，弹性模量 E 为 206GPa，泊松比 ν 为 0.3，材料进入弹塑性后，选择可以考虑包辛格效应的两折线随动硬化模型，屈服后二次模量取 $E_0/100$。混凝土采用强度等级 C50 的混凝土，立方体抗压强度 σ_c 取 50MPa，抗拉强度取抗压强

---

[1] 该数据参考以下两篇论文：B G Rabbat，M ASCE，H G Russell. Friction Coefficient of Steel on Concrete or Grout [J]. Journal of Structural Engineering，1985，111 (03)：505-515.

Baltay P，Gjelsvik A. Coefficient of Friction for Steel on Concrete at High Normal Stress [J]. Journal of Materials in Civil Engineering，1990，2 (01)：46-49.

度的 1/10，混凝土本构关系为塑性损伤模型，膨胀角取 40°，离心率取值为 0.1，等效双轴抗压屈服应力为 1.16，受拉子午线与受压子午线常应力的比值取 0.66667，黏滞系数取 0。

4.4.3 边界条件及地震动输入

（1）边界条件设置

暂不考虑桩土作用和行波效应，在高架桥墩底与基础设置为固定约束。桥台部分采用主从约束的刚性连接，仅约束了竖向、横桥向以及绕桥轴线纵向的转动自由度，其他方向均无约束。

（2）地震动输入

在顺桥及横桥方向上分别输入日本公路桥梁抗震规范规定的第Ⅰ类场地 JMA-NS 与 JMA-EW 罕遇地震动，持续时间为 20s。

（3）分析方法

分析采用非线性动力时程直接积分 Newmark β 法进行分析，其中 $\beta=0.25$，计算时间步长采用自动控制，最大步长设定为 0.01s。分析中，阻尼采用 Reyleigh 阻尼，其计算公式为

$$[C]=a[M]+\beta[K] \tag{4.26}$$

$$a=\frac{4\pi f_1 f_2(f_1 h_2-f_2 h_1)}{f_1^2-f_2^2} \tag{4.27}$$

$$\beta=\frac{f_1 h_1-f_2 h_2}{f_1^2-f_2^2} \tag{4.28}$$

式中　$[M]$——质量矩阵；

$[K]$——全体刚度矩阵；

f_1——第一基本频率，Hz；

f_2——第二基本频率，Hz；

h_1，h_2——分别为相应的阻尼系数，本文中取 $h_1=h_2=0.02$。

4.4.4 有限元结果

在整理6座高架桥非线性动力时程分析数据过程中，由于数据庞大，本书以JMA-NS波激励时中墩（P2）响应时程位移、响应的力-位移滞回曲线，以及最大响应位移时刻桥墩底部钢管及混凝土的应力分布及变形结果为例，讨论上部结构偏心作用与不同桥墩类型的高架桥对桥墩顺桥向及横桥向地震响应的影响，然后利用统计的方法对6座高架桥所有桥墩进行安全评价。

（1）上部结构偏心作用对高架桥中墩P2动力响应结果对比分析

含有不同偏心率、不同类型桥墩的6座高架桥的中墩P2在顺桥向和横桥向地震波激励下位移时程曲线对比如图4.40所示。图中用实线表示的曲线为上部结构偏心率 e/H 为0的时程位移，用虚线表示的曲线为偏心率 e/H 为0.1的时程位移，用点划线表示的曲线为偏心率 e/H 为0.2的时程位移。图4.40(a) 为空钢管桥墩HS在顺桥向地震作用的对比结果，图4.40(b) 为内填混凝土钢桥墩CF在顺桥向地震作用的对比结果，图4.40(c) 为空钢管桥墩HS在横桥向地震作用的对比结果，图4.40(d) 为内填混凝土钢桥墩CF在横桥向地震作用的对比结果。

由图4.40(a) 和（b）可知：顺桥向地震波激励下偏心率 $e/H=0$、0.1、0.2的HS类型高架桥P2桥墩，最大时程位移均发生在5.83s，其最大位移分别为114mm、115mm、116mm。偏心率 $e/H=0$、0.1、0.2的CF类型高架桥P2桥墩，最大时程位移均发生在5.83s，其最大位移分别为98mm、99mm、99mm。无论CF类型桥墩高架桥还是HS类型高架桥，在顺桥向地震波激励下上部结构是否偏心对桥墩时程位移的影响较小。由图4.40(c) 和（d）可知：在横桥向地震波激励下偏心率 $e/H=0$、0.1、0.2的HS类型高架桥P2桥墩，最大时程位移分别发生在5.46s、8.08s和8.16s，其最大位移分别为−179mm、−269mm、−384mm。偏心率 $e/H=0$、

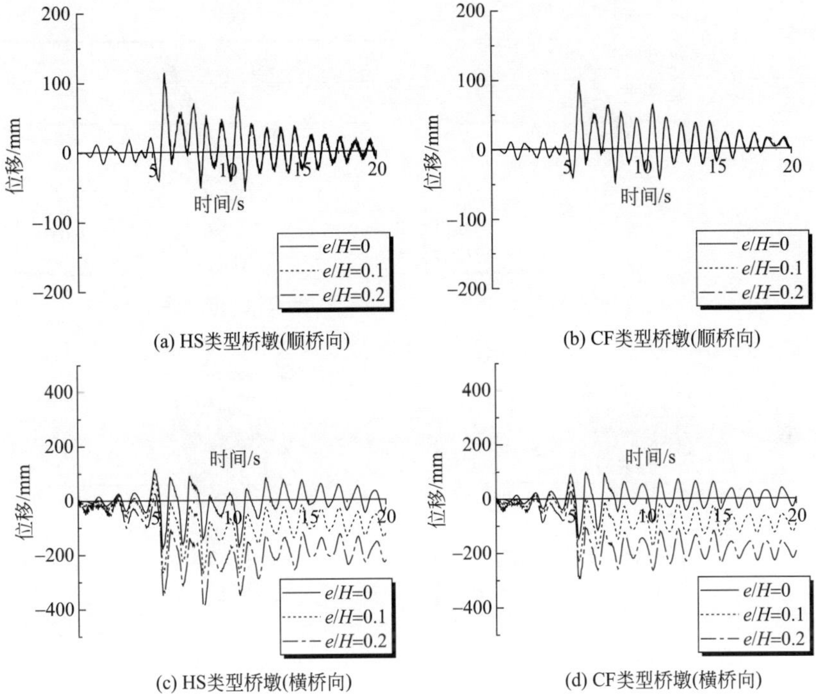

图 4.40　不同偏心率高架桥 P2 桥墩 JMA-NS 地震作用下响应时程位移曲线

0.1、0.2 的 CF 类型桥高架桥 P2 桥墩，最大时程位移分别发生在 5.48s、5.47s 和 5.46s，其最大位移分别为－146mm、－230mm、－298mm。结果表明无论 CF 类型高架桥还是 HS 类型高架桥，偏心率 e/H 对横桥向地震波激励下桥墩的响应位移影响较大，随上部结构偏心作用的增加，最大响应位移增大，残余变形也增大。

6 座高架桥中墩 P2 在顺桥向和横桥向地震波激励下墩底反力-墩顶位移滞回响应曲线对比如图 4.41 所示。图 4.41(a) 为偏心率 e/H 为 0、0.1、0.2 HS 类型高架桥桥墩在顺桥向地震作用下的对比结果，图 4.41(b) 为偏心率 e/H 为 0、0.1、0.2 CF 类型高架桥桥

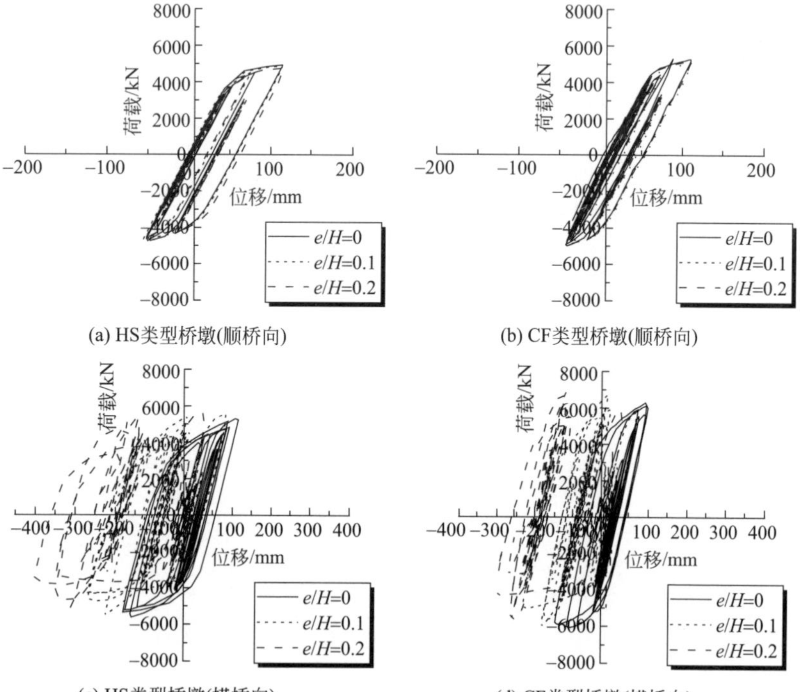

(a) HS类型桥墩(顺桥向)　(b) CF类型桥墩(顺桥向)

(c) HS类型桥墩(横桥向)　(d) CF类型桥墩(横桥向)

图 4.41　不同偏心率高架桥 P2 桥墩地震作用下墩底反力-墩顶位移滞回响应曲线

墩在顺桥向地震作用下的对比结果，图 4.41(c) 为 HS 类型桥墩在横桥向地震作用下的对比结果，图 4.41(d) 为 CF 类型桥墩在横桥向地震作用下的对比结果。

由图 4.41(a)、(b) 可知，在地震波顺桥向作用下，6 座高架桥 P2 桥墩均进入弹塑性状态，充分耗散地震能量。在上部结构偏心率 $e/H=0\sim0.2$ 范围内，随着桥墩墩顶响应位移的增加，墩底的反力同样增长，各高架桥 P2 桥墩进入弹塑性区域后，桥墩的刚度下降较快，但响应的墩底反力逐渐增加，除偏心的空钢管桥墩达到最大承载力有缓慢下降的趋势外，其他桥墩均处于安全状态。同时也表明上部结构偏心与否对桥墩顺桥向滞回性能影响较小。

由图 4.41(c)、(d) 可知，在横桥向地震波作用下，6 座高架桥 P2 桥墩，随着上部结构偏心率 e/H 的增加，响应位移均向偏心侧偏移，并且随着响应位移的增加，桥墩的墩底反力达到屈服承载力后也有所增加，除 $e/H=0$ 的两种类型高架桥 P2 桥墩承载力在偏心侧达到最大承载力后缓慢下降外，其他四座高架桥的 P2 桥墩承载力在偏心侧达到最大承载力后均快速下降，结构处于危险状态。从图 4.41 桥墩力-位移滞回响应结果看，上部结构偏心作用于下部结构对桥墩顺桥向力-位移滞回响应影响较小，对横桥向力-位移滞回响应影响较大。同时也表明，即使个别桥墩动力时程响应达到极限状态，但是桥墩墩底响应反力均大于同一位移时刻的静力承载能力。例如图 4.41 (c) 中 $e/H=0$ 的 HS 桥墩位移响应为 117mm 时，桥墩的墩底响应反力为 5523kN，大于表 4.7 中所对应桥墩的极限承载力 4819kN。这主要是由于上部结构主梁具有较大的侧向抗弯刚度，为桥墩提供一定的约束所致。

(2) HS 类型桥墩和 CF 类型桥墩最大位移响应时应力分布和局部变形对比分析

图 4.42 为上部结构偏心率 e/H 为 0.2 的 HS 类型高架桥中墩 (P2) 和 CF 类型高架桥中墩 (P2) 在顺桥向及横桥向 JMA-NS 地震动作用下最大响应位移时所对应的 Mises 应力云图及桥墩根部局部变形情况（变形放大系数为 1)。图 4.42(a) 为顺桥向地震动激励下的结果，图 4.42(b) 为横桥向地震动激励下的结果。

由图 4.42(a) 可知，HS 桥墩在最大响应位移时，桥墩底部钢管高应力分布区域与 CF 桥墩相比，Mises 应力数值高且分布区域小，同时在桥墩根部距墩底 300～800mm 范围内发生局部失稳变形。CF 桥墩在顺桥向地震动激励下，墩底钢管达到的屈服应力分布区域广，并且没有出现可见的局部变形。这是由于内填的混凝土减缓了钢管 Mises 应力的进一步增加，也延缓了钢管发生局部失稳变形的扩展。

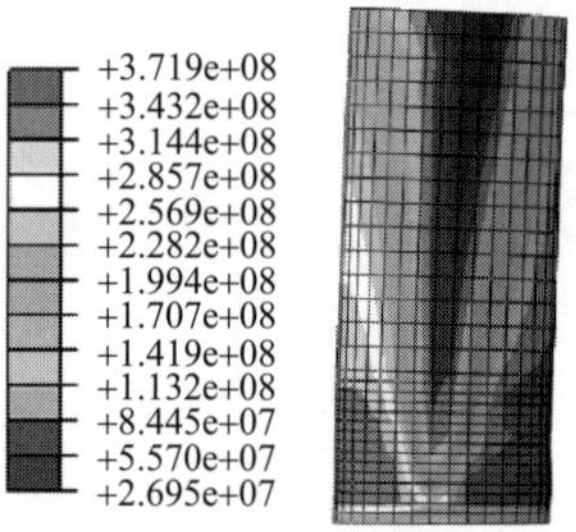

HS类型桥墩(Mises应力)

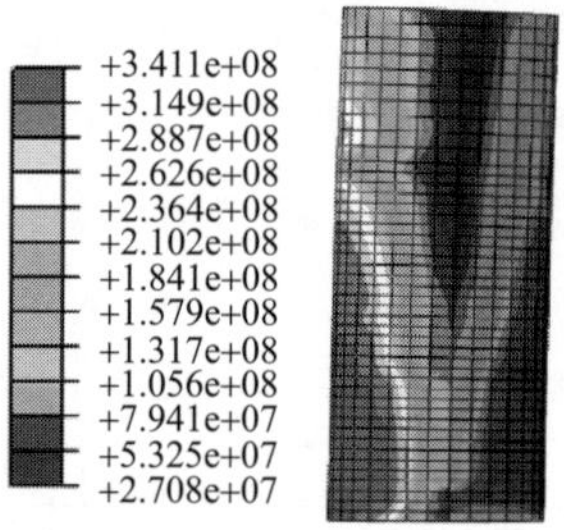

CF类型桥墩下部钢管(Mises应力)

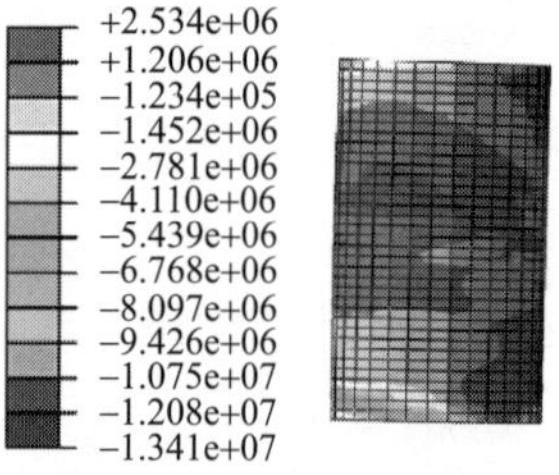

CF类型桥墩下部内填充混凝土(第一主应力)

(a) 顺桥向(LG)

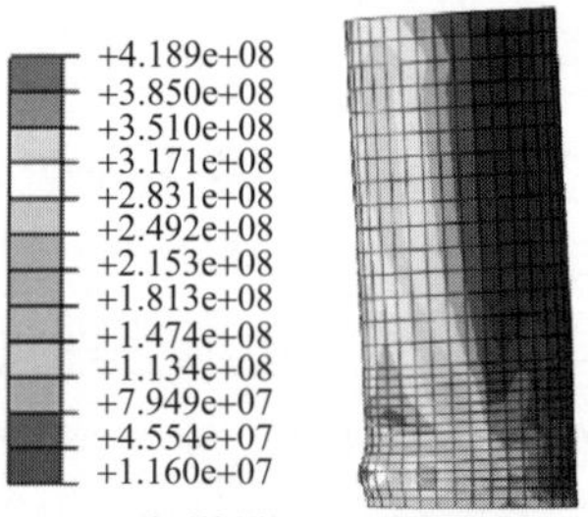

HS类型桥墩(Mises应力)

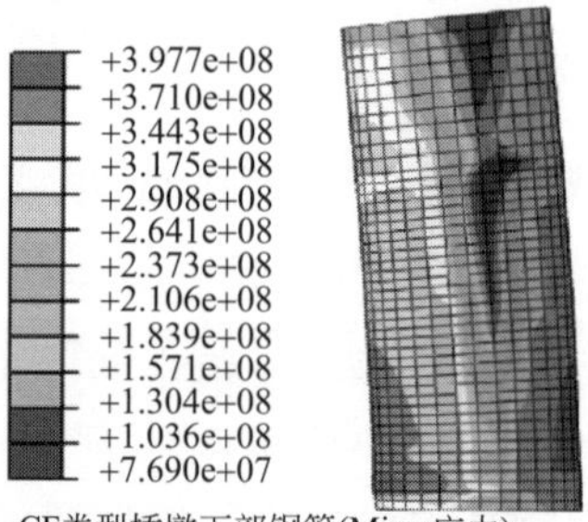

CF类型桥墩下部钢管(Mises应力)

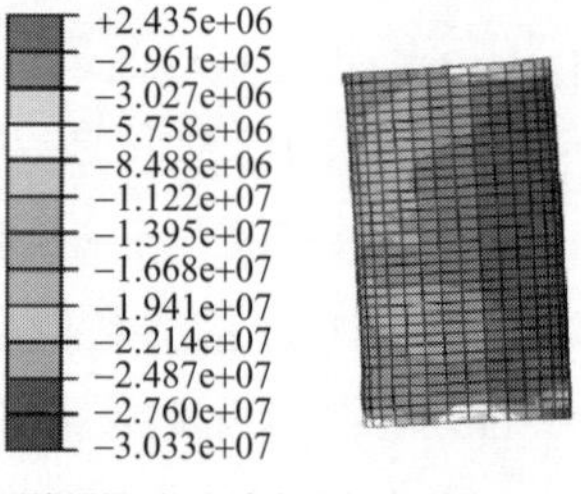

CF类型桥墩下部内填充混凝土(第一主应力)

(b) 横桥向(TR)

图 4.42 JMA-NS 地震作用下偏心率 $e/H=0.2$ 的高架桥桥墩 P2 墩底应力分布及变形情况（单位：Pa）

从内填混凝土的第一主应力的分布可知，混凝土下部基本处于受压，上部处于受拉状态，并且没有达到混凝土的抗压强度和抗拉强度。由图 4.42(b) 可知，HS 类型桥墩的底部钢管 Mises 高应力分布区域小，出现了较大的局部失稳变形及应力集中现象。与 HS 类型桥墩相比，CF 类型桥墩下部的钢管，由于有内填混凝土的存在，Mises 高应力分布区域较广泛，没有出现应力集中现象及明显的局部失稳变形。内填的混凝土除了底部出现较高的第一主压应力外，大部分处于较小的第一主拉应力，未达到混凝土的抗拉或抗压极限强度。

(3) 第Ⅰ类场地地震动作用下桥墩的安全性评价

6 座高架桥所有桥墩在第Ⅰ类场地地震动激励下抗震安全评价结果如图 4.43 所示。安全评价采用桥墩最大响应位移 δ_{max} 与该桥墩的极限位移 δ_u 之比是否超过 1 进行安全评价，小于 1 说明结构处于安全状态，大于 1 说明结构处于危险状态。

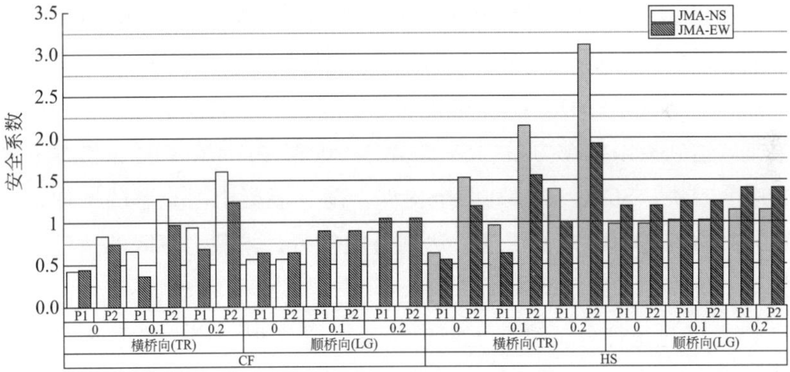

图 4.43　第Ⅰ类场地地震动激励下两种类型高架桥桥墩的抗震安全评价结果

由图 4.43 可知，当地震动横桥向作用时，CF 类型高架桥 P1 桥墩均处于安全状态，P2 桥墩除 $e/H=0.1$ 和 0.2 在地震动作用下处于危险状态外，其余均处于安全状态；当地震动顺桥向作用时，除

$e/H=0.2$ 高架桥桥墩在 JMA-EW 地震动作用下略超过安全值外，其余桥墩均处于安全状态。HS 类型高架桥在横桥向地震动作用时，只有 $e/H=0.1$ 和 0.2 高架桥的 P1 桥墩处于安全状态，其余均处于危险状态；当地震动顺桥向作用时，只有 $e/H=0$ 的 P1 桥墩在 JMA-NS 地震动作用下处于安全状态，其余均处于危险状态。以上结果表明，无论上部结构偏心与否，CF 高架桥桥墩的抗震性能以及安全评价结果均优于 HS 类型高架桥桥墩。

4.5 本章小结

① 在钢管中内填充部分混凝土虽然没有改变结构破坏时钢管局部失稳变形形态，但由于混凝土的存在延缓了钢管局部变形扩展速度，混凝土与钢管通过之间的接触能够很好地共同工作，提高了试件的受力性能。

② 通过无偏心桥墩试验试件滞回曲线、骨架曲线对比分析可知，随着混凝土填充率的增加，结构的抗震性能得到明显改善。SC34-66 系列四个构件，随着混凝土填充率的增加，试件的极限承载力和延性增加。达到极限承载力后，$\xi=0$ 和 $\xi=0.31$ 两个试件的承载力下降的速度较快。SC26-85 系列四个构件，随着混凝土填充率的增加，试件的极限承载力和延性增加，达到最大值后，承载力下降的速度随着混凝土填充率的增加而减缓。

③ 通过统计分析建立了该类桥墩混凝土填充率、极限承载力和延性与长细比、径厚比的关系公式，为该类桥墩实际工程应用提供了理论基础。

④ 通过偏心桥墩面内水平荷载作用下的力学性能分析，随着偏心距的增加，部分填充混凝土钢桥墩在偏心一侧水平承载能力大大降低，而另一侧水平承载能力则明显得到提升，具有明显的不对称性，抗震性能降低。通过统计分析拟合得出一个关于无偏心受压桥墩柱

H-δ 滞回曲线与偏压桥墩柱 H-δ 滞回曲线关系的经验公式，并验证了其有效性。该经验公式将为偏心受压桥墩的抗震设计提供理论依据。

⑤ 通过偏心桥墩面外水平荷载作用下的力学性能分析，在其他参数不变的情况下，随着长细比 λ 的增加，桥墩的最大承载力和延性均处于减小趋势，但个别位移延性数值增加；随着径厚比 R_t 的增加，桥墩的最大承载力缓慢增加，位移延性逐渐减少，并给出了具有较高精度的竖向偏心荷载作用下该类桥墩顺桥方向最大水平承载力及位移延性的计算公式。

⑥ 在上述的研究中我们发现，带有横向加劲梁螺杆连接的钢桥墩能够充分发挥钢桥墩和钢-混凝土组合桥墩的力学性能，无论无偏心桥墩还是有偏心桥墩都没有出现桥墩钢管母材被拉裂或焊缝开裂等现象。表明该连接方式安全可靠，并适合桥墩装配式施工。

⑦ 通过对五跨连续钢桥的抗震分析可知，在Ⅰ类场地罕遇地震动作用下，HS 类型桥墩无论顺桥方向还是横桥方向，多数桥墩处于危险状态，上部结构偏心率 e/H 越大，桥墩的危险性越高。CF 类型桥墩由于内填混凝土，承载能力及延性得到大幅度提高，响应位移较小，多数桥墩的抗震满足安全要求。用基于位移的评价指标，可以有效地对该类桥墩的抗震性能进行安全评价。

第5章 城市高架桥装配式钢桥墩设计及构造

前几章我们对采用刚性法兰连接以及带有横向加劲梁螺杆连接的圆形钢桥墩（含部分填充混凝土的钢-混凝土组合桥墩）的力学性能进行了试验与有限元分析研究，探明了带有横向加劲梁锚杆连接的圆形钢桥墩具有更好的力学性能，并给出了设计参数，如长细比、径厚比、混凝土填充率以及竖向荷载偏心与否等因素的变化与该类桥墩极限承载力和极限位移的影响规律，为该类桥墩的应用奠定了理论基础，本章将结合某实际高架桥梁的设计，拟采用圆形（矩形）钢桥墩（包含部分填充混凝土的钢-混凝土组合桥墩）作为高架桥的下部结构，进行具体的设计计算。同时在充分考虑桥墩现场装配的基础上，设计时桥墩根部与基础采用横向加劲梁螺杆形式的连接，桥墩墩柱之间以及墩柱与盖梁之间采用高强螺栓或现场焊接，给出了高强螺栓连接的详细计算过程，以便为在实际工程中应用提供参考。

5.1 桥墩设计的基本条件

5.1.1 桥墩设计的依据及参考资料

（1）设计依据

《公路桥涵设计通用规范》(JTG D60—2015)；

《公路钢结构桥梁设计规范》(JTG D64—2015)；

《公路工程技术标准》(JTG B01—2014)；

《城市桥梁抗震设计规范》(CJJ 166—2011)；

《公路工程抗震规范》(JTG B02—2013)。

(2) 参考资料

陈宝春，《桥梁工程》(人民交通出版社，2017)；

吉伯海，《钢桥》(人民交通出版社，2016)；

刘杰民，《材料力学》(中国电力出版社，2011)；

刘永军，《结构力学》(中国电力出版社，2015)。

5.1.2 荷载及荷载组合

桥墩计算控制截面为墩底截面，所受轴力包括上部恒载、下部恒载、上部活载、地震荷载；墩底所受弯矩包括汽车制动力对墩底产生的弯矩、地震作用引起的弯矩。

公路桥涵结构按承载能力极限状态设计时，对持久设计状况和短暂设计状况采用作用的基本组合，对地震设计状况采用作用的地震组合。

$$S_{ud}=\gamma_0 S(\sum_{i=1}^{m}G_{id},Q_{ld},\sum_{j=1}^{m}Q_{jd}) \tag{5.1}$$

式中 S_{ud}——承载能力极限状态下作用基本组合的效应设计值；

S——作用组合的效应函数；

γ_0——结构重要性系数；

G_{id}——第 i 个永久作用的标准值和设计值；

Q_{ld}——汽车荷载的标准值和设计值；

Q_{jd}——在作用组合中除汽车荷载外的其他第 j 个可变作用的标准值和设计值。

5.2 高架桥及钢桥墩的基本构造及设计

5.2.1 高架桥上部结构基本概况

本书以五跨连续高架桥和三跨连续高架桥实际工程为蓝本进行设计计算。

五跨连续高架桥的基本概况详见本书4.4节。

三跨连续梁高架桥全长180000mm，单跨跨度60000mm，桥梁上部结构采用箱型截面正交异形钢梁，梁高2200mm，梁宽23500mm。桥墩采用双柱式矩形截面钢框架桥墩，桥墩高度为10000mm，承台厚度为2200mm，桥墩内填混凝土浇筑厚度为3500mm，混凝土强度采用C30。桥梁重要程度为2级。该高架桥采用可以分散水平地震作用的弹性板式橡胶支座支承上部结构，基础形式为桩基础，桥面为浇筑式混凝土，厚度为200mm，铺装层为沥青混凝土，层厚70mm。高架桥的立面图、正面图以及内填一定高度混凝土框架式钢桥墩的截面图如图5.1和图5.2所示。

5.2.2 圆形钢桥墩的基本构造及设计

5.2.2.1 CS型钢桥墩的基本构造及设计

CS型桥墩柱截面如图5.3所示。

(1) 上部结构自重

① 主梁自重集度

$$g_1=(0.22\times0.03\times4+2.2\times0.025\times2)\times5\times78.5=53.54(\mathrm{kN/m})$$

② 横隔梁自重集度

$$g_2=[0.03\times(10\times2+2.35\times8)\times0.1\times9\times78.5]/5=16.45(\mathrm{kN/m})$$

③ 桥面铺装层自重集度

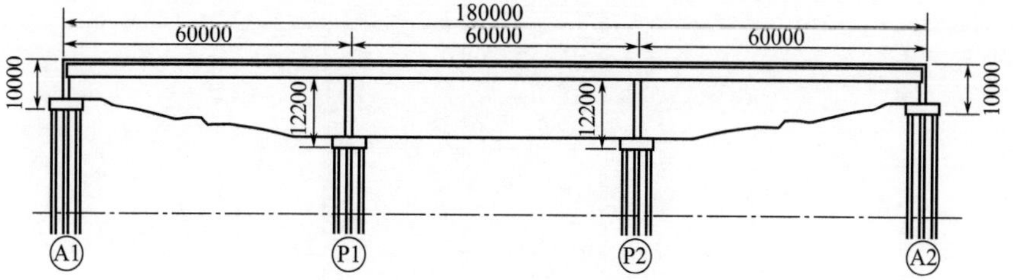

(a) 高架桥立面图

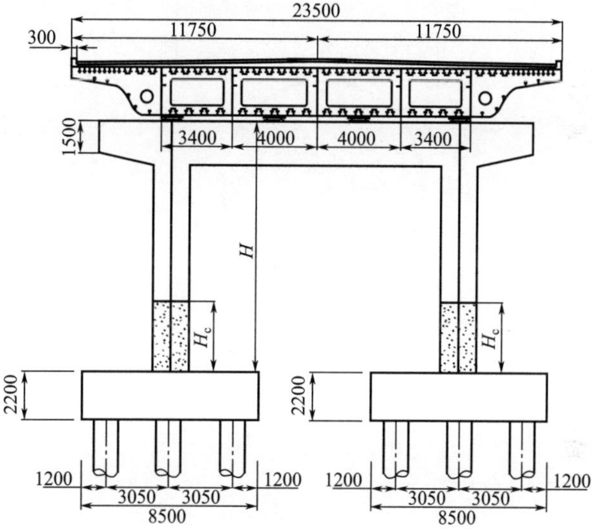

(b) 桥墩正面图

图 5.1　框架式钢桥墩高架桥构造（单位：mm）

$$g_3 = 0.2 \times 12 \times 25 + 0.07 \times 11 \times 23 = 77.71(\mathrm{kN/m})$$

④ 栏杆自重集度

$$g_4 = 8 \times 1 = 8(\mathrm{kN/m})$$

⑤ 上部结构恒荷载集度

$$g = \sum g_i = 53.54 + 16.45 + 77.71 + 8 = 155.7(\mathrm{kN/m})$$

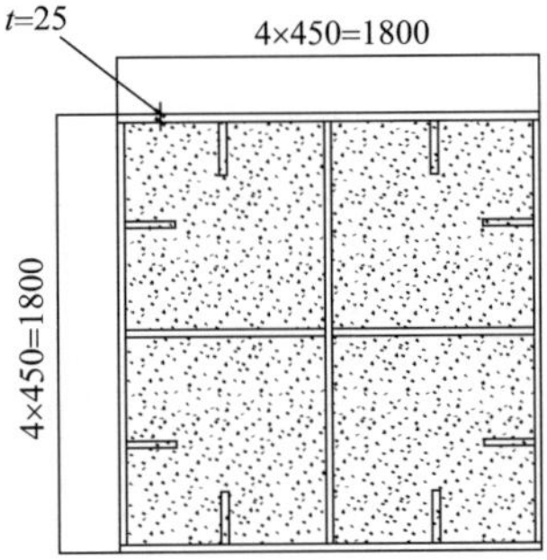

图 5.2 框架式钢桥墩截面图

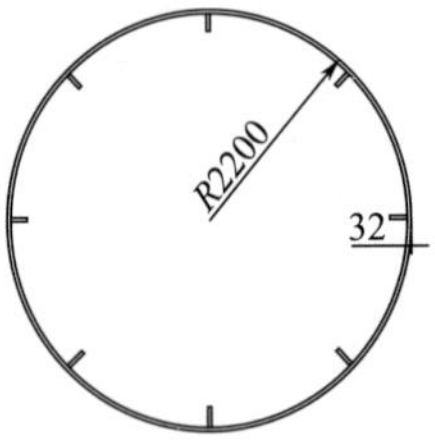

图 5.3 CS 型桥墩柱截面图

⑥ 盖梁自重

$$G_g=(12\times1.8+1.8\times2+5.19\times1.8\times2+5.1\times6)\times0.030\times78.5=175.4(\mathrm{kN})$$

⑦ 一孔上部结构自重

$$G=155.7\times40=6228(\mathrm{kN})$$

⑧ 墩柱自重

$$G_{CS}=(\pi\times0.032\times2.168+8\times0.2\times0.026)\times10\times78.5=203.7(\mathrm{kN})$$

（2）活载载重

按《公路桥涵设计通用规范》(JTG D60—2015）规定，公路-Ⅰ车道荷载的均布荷载：$q_k=10.5\mathrm{kN/m}$，集中荷载：$P_k=2\times(40+130)=340(\mathrm{kN})$。车辆荷载布置如图 5.4 所示。

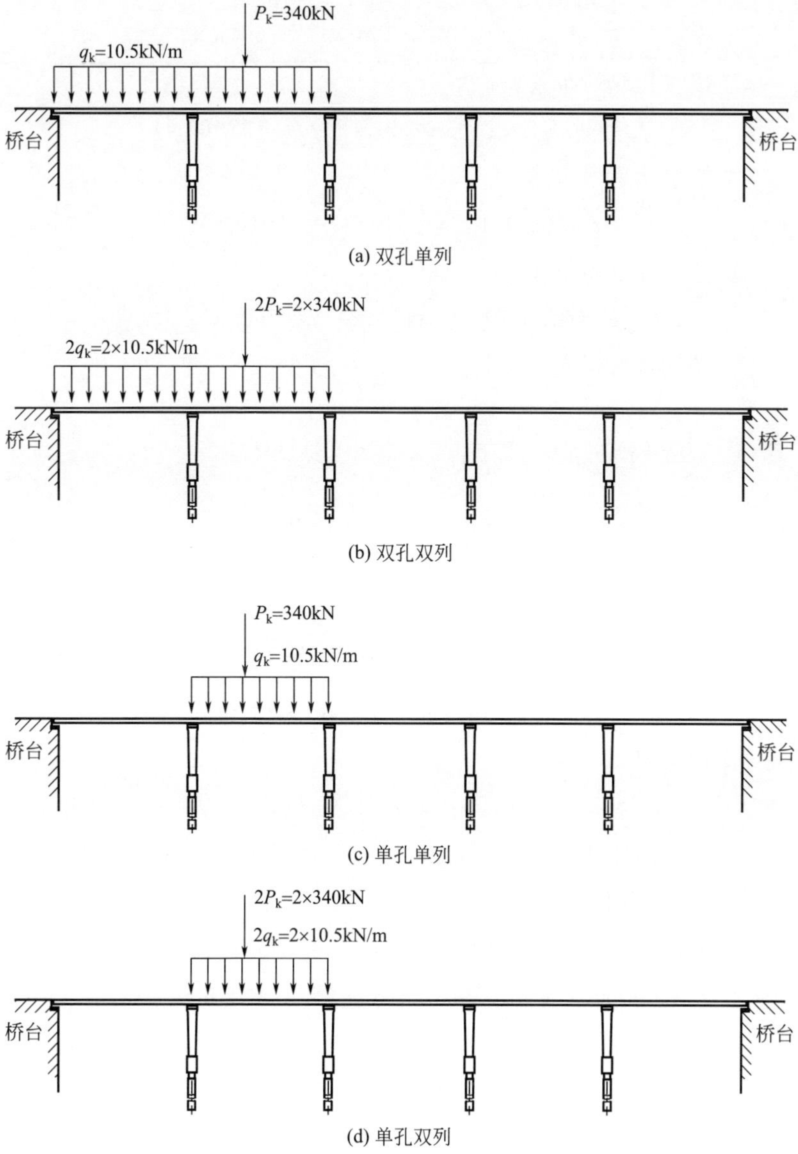
P_k=340kN
q_k=10.5kN/m
桥台
桥台
(a) 双孔单列
$2P_k$=2×340kN
$2q_k$=2×10.5kN/m
桥台
桥台
(b) 双孔双列
P_k=340kN
q_k=10.5kN/m
桥台
桥台
(c) 单孔单列
$2P_k$=2×340kN
$2q_k$=2×10.5kN/m
桥台
桥台
(d) 单孔双列

图 5.4　车辆荷载布置图

① 按双孔单列布载

$$p=(40\times2\times10.5+340)/2=760(\mathrm{kN})$$

② 按双孔双列布载

$$p=(80\times2\times10.5+340\times2)/2=1520(\mathrm{kN})$$

③ 按单孔单列布载

$$p=(40\times10.5+340)/2=380(\mathrm{kN})$$

④ 按单孔双列布载

$$p=(80\times10.5+340\times2)/2=760(\mathrm{kN})$$

⑤ 结构自振频率

$$f=\frac{\pi}{2l^2}\sqrt{\frac{EI_c}{m_c}}=3.78(\mathrm{Hz})$$

⑥ 冲击系数

$$\mu=0.1767\ln f-0.0157=0.219$$

⑦ 汽车荷载

$$p_q=(1+\mu)p=1852.88(\mathrm{kN})$$

$$M_q=(1+\mu)M=463.22(\mathrm{kN\cdot m})$$

⑧ 制动力

$$F_h=0.1\times(340+10.5\times200)\times2/4=122(\mathrm{kN})<165(\mathrm{kN})$$

$$P_h=165\mathrm{kN}\qquad M_h=P_hh=165\times12.2=2013(\mathrm{kN\cdot m})$$

（3）地震作用

按《城市桥梁抗震设计规范》(CJJ 166—2011）5.2.1-1 项规定求得地震荷载：$m=5.46\times10^5\mathrm{N\cdot s^2/m}$，$k=1.87\times10^7\mathrm{N/m}$。

① 结构周期

$$T=2\pi\sqrt{\frac{m}{k}}=1.07(\mathrm{s})$$

$\eta_2=1$，$A=0.2g\times0.61=0.122g$，$S_{max}=2.25A$，$T_g=0.65\mathrm{s}$。

② 水平设计加速度反应谱值

$$S=\eta_2 S_{\max}\left(\frac{T_g}{T}\right)^{y}=1\times 0.275g\times\left(\frac{0.65}{1.07}\right)^{0.9}=0.176g$$

③ 地震力

$$F=mS=941.32(\text{kN})$$

地震力引起的墩底截面弯矩（顺桥向）

$$M_{dx}=Fh_1=941.32\times 10=9413.2(\text{kN}\cdot\text{m})$$

地震力引起的墩底截面弯矩（横桥向）

$$M_{dy}=Fh_2=941.32\times 12.2=11484.10(\text{kN}\cdot\text{m})$$

圆形桥墩在地震作用下墩底弯矩图如图 5.5 所示。

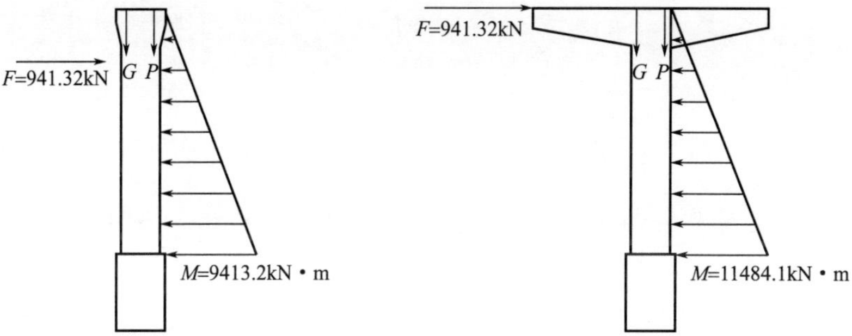

(a) 顺桥向　　(b) 横桥向

图 5.5　圆形桥墩在地震作用下墩底弯矩图

（4）工况一：承载能力极限状态

按《公路桥涵设计通用规范》(JTG D60—2015）4.1.5-1 项规定

$$S_{ud}=\gamma_0 S\left(\sum_{i=1}^{m}G_{id},Q_{ld},\sum_{j=1}^{m}Q_{jd}\right)$$

① 作用于墩柱底面的荷载

$$N=1.1\times[1.2\times(6228+175.4+203.7)+1.4\times 1852.88]$$
$$=11574.8(\text{kN})$$

② 作用于墩柱底面的弯矩

$$M=1.1\times(1.2\times0+1.4\times463.22+0.7\times1.4\times2013)$$
$$=2883.4(\mathrm{kN\cdot m})$$

按《公路钢结构桥梁设计规范》(JTG D64—2015) 5.2.2-1 项规定，有

$$\gamma_0 N_d \leqslant A_{eff,c} f_d \tag{5.2}$$

$$\sigma_1=\frac{N}{A_{eff,c}}=\frac{11574.8\times10^3}{\pi\times2.168\times0.032}=53.13(\mathrm{MPa})$$

按《公路钢结构桥梁设计规范》(JTG D64—2015) 5.3.1-1 项规定，有

$$\gamma_0\sigma=\gamma_0\frac{M_y}{W_{y,eff}}\leqslant f_d \tag{5.3}$$

$$\sigma_2=\frac{M}{I}y_{max}=\frac{2883.4\times10^3}{0.263}\times1.1=12.0(\mathrm{MPa})$$

$$\sigma=\sigma_1+\sigma_2=53.13+12.0=65.13(\mathrm{MPa})<\sigma_y=315(\mathrm{MPa})$$

符合规定要求。

(5) 工况二：地震作用

按《公路工程抗震规范》(JTG B02—2013) 5.5.1 项规定

$$\gamma_0\left(\sum_{i=1}^{m}\gamma_{Gi}S_{GiK}+\sum_{j=1}^{m}S_{QjK}+Q_e\right)\leqslant R(\gamma_f,f_K,\gamma_a,\alpha_K) \tag{5.4}$$

式中 γ_0——结构重要性系数；

S_{GiK}——第 i 个永久作用效应；

S_{QjK}——可能与地震作用同时作用的第 j 个可变作用的一定量级的效应；

Q_e——地震作用效应；

γ_{Gi}——永久作用分项系数；

γ_f——结构材料、岩土性能的分项系数；

f_K——材料、岩土性能的标准值；

γ_a——结构或构件几何参数的分项系数；

α_K——几何参数的标准值。

① 作用于墩柱底面的荷载

$$N=1.0\times[1.0\times(6228+175.4+203.7)+0.5\times1520]=7367.1(\text{kN})$$

② 作用于墩柱底面的弯矩

$$M_x=1.0\times(1.2\times0+0.5\times380+9413.2)=9603.2(\text{kN}\cdot\text{m})$$

$$M_y=1.0\times(1.2\times0+0.5\times380+11484.10)=11674.1(\text{kN}\cdot\text{m})$$

$$\sigma_1=\frac{N}{A}=\frac{7367.1\times10^3}{\pi\times2.168\times0.032}=33.82(\text{MPa})$$

$$\sigma_2=\frac{M_x}{I}y_{\max}=\frac{9603.2\times10^3}{0.262}\times1.1=40.32(\text{MPa})$$

$$\sigma_3=\frac{M_y}{I}y_{\max}=\frac{11674.1\times10^3}{0.262}\times1.1=49.01(\text{MPa})$$

$$\sigma_{\max}=\sigma_1+\sigma_3=33.82+49.01=82.83(\text{MPa})<\sigma_y=315(\text{MPa})$$

符合规定要求。

5.2.2.2　CO 型钢桥墩的基本构造及设计

CO 型桥墩柱截面图如图 5.6 所示。

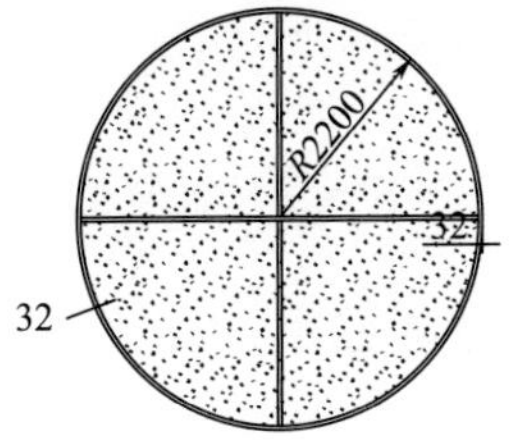

图 5.6　CO 型桥墩柱截面图

(1) 上部结构自重

① 主梁自重集度

$$g_1=(0.22\times0.03\times4+2.2\times0.025\times2)\times5\times78.5=53.54(\mathrm{kN/m})$$

② 横隔梁自重集度

$$g_2=[0.03\times(10\times2+2.35\times8)\times0.1\times9\times78.5]/5=16.45(\mathrm{kN/m})$$

③ 桥面铺装层自重集度

$$g_3=0.2\times12\times25+0.07\times11\times23=77.71(\mathrm{kN/m})$$

④ 栏杆自重集度

$$g_4=8\times1=8(\mathrm{kN/m})$$

⑤ 上部结构恒荷载集度

$$g=\sum g_i=53.54+16.45+77.71+8=155.7(\mathrm{kN/m})$$

⑥ 盖梁自重

$$G_{\mathrm{g}}=(12\times1.8+1.8\times2+5.19\times1.8\times2+5.1\times6)\times0.030\times78.5$$
$$=175.4(\mathrm{kN})$$

⑦ 一孔上部结构自重

$$G=155.7\times40=6228(\mathrm{kN})$$

⑧ 墩柱自重

$$G_{\mathrm{CO}}=(\pi\times0.032\times2.168+2\times2.2\times0.032)\times10\times78.5=281.6(\mathrm{kN})$$

(2) 活载载重

按《公路桥涵设计通用规范》(JTG D60—2015) 规定，公路-Ⅰ车道荷载的均布荷载：$q_{\mathrm{k}}=10.5\mathrm{kN/m}$，集中荷载：$P_{\mathrm{k}}=2\times(40+130)=340(\mathrm{kN})$。

① 按双孔单列布载

$$p=(40\times2\times10.5+340)/2=760(\mathrm{kN})$$

② 按双孔双列布载

$$p=(80\times2\times10.5+340\times2)/2=1520(\mathrm{kN})$$

③ 按单孔单列布载

$$p=(40\times10.5+340)/2=380(\mathrm{kN})$$

④ 按单孔双列布载

$$p=(80\times10.5+340\times2)/2=760(\text{kN})$$

⑤ 结构自振频率

$$f=\frac{\pi}{2l^2}\sqrt{\frac{EI_c}{m_c}}=3.78(\text{Hz})$$

⑥ 冲击系数

$$\mu=0.1767\ln f-0.0157=0.219$$

⑦ 汽车荷载

$$p_q=(1+\mu)p=1852.88(\text{kN})$$

$$M_q=(1+\mu)M=463.22(\text{kN}\cdot\text{m})$$

⑧ 制动力

$$F_h=0.1\times(340+10.5\times200)\times2/4=122(\text{kN})<165(\text{kN})$$

$$P_h=165\text{kN}\qquad M_h=P_h\times h=165\times12.2=2013(\text{kN}\cdot\text{m})$$

(3) 地震作用

按《城市桥梁抗震设计规范》(CJJ 166—2011) 5.2.1-1 项规定求得地震荷载：$m=5.46\times10^5\text{N}\cdot\text{s}^2/\text{m}$，$k=1.87\times10^7\text{N/m}$。

① 结构周期

$$T=2\pi\sqrt{\frac{m}{k}}=1.07(\text{s})$$

$\eta_2=1$，$A=0.2g\times0.61=0.122g$，$S_{\max}=2.25A$，$T_g=0.65\text{s}$。

② 水平设计加速度反应谱值

$$S=\eta_2 S_{\max}\left(\frac{T_g}{T}\right)^{\gamma}=1\times0.275g\times\left(\frac{0.65}{1.07}\right)^{0.9}=0.176g$$

③ 地震力

$$F=mS=941.32(\text{kN})$$

地震力引起的墩底截面弯矩（顺桥向）

$$M_{dx}=Fh_1=941.32\times10=9413.2(\text{kN}\cdot\text{m})$$

地震力引起的墩底截面弯矩（横桥向）

$$M_{dy}=Fh_2=941.32\times12.2=11484.10(kN\cdot m)$$

桥墩所受荷载如图 5.7 所示。

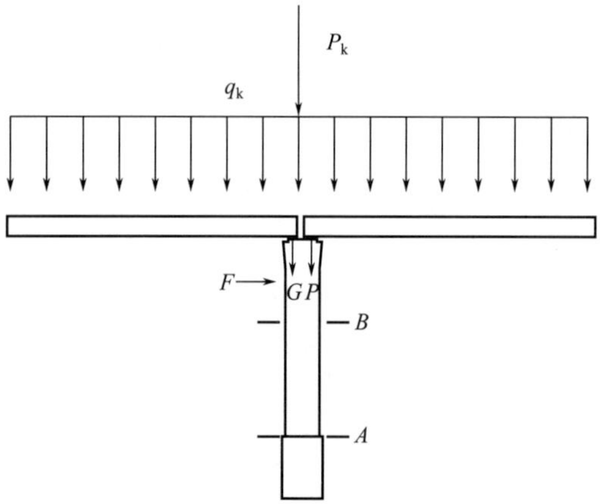

图 5.7　桥墩所受荷载示意

（4）工况一：承载能力极限状态

按《公路桥涵设计通用规范》(JTG D60—2015) 4.1.5-1 项规定：

$$S_{ud}=\gamma_0 S(\sum_{i=1}^{m}G_{id},Q_{ld},\sum_{j=1}^{m}Q_{jd})$$

① 作用于墩柱底面的荷载

$$N=1.1\times[1.2\times(6228+175.4+281.6)+1.4\times1912.88]$$
$$=11770(kN)$$

② 作用于墩柱底面的弯矩

$$M=1.1\times(1.2\times0+1.4\times463.22+0.7\times1.4\times2013)$$
$$=2883.4(kN\cdot m)$$

按《公路钢结构桥梁设计规范》(JTG D64—2015) 5.2.2-1 项规定：

$$\gamma_0 N_d\leqslant A_{eff,c}f_d$$

$$\sigma_1=\frac{N}{A_{eff,c}}=\frac{11770\times10^3}{\pi\times2.168\times0.032}=54.03(MPa)$$

按《公路钢结构桥梁设计规范》(JTG D64—2015) 5.3.1-1 项规定：

$$\gamma_0\sigma=\gamma_0\frac{M_y}{W_{y,\mathrm{eff}}}\leqslant f_\mathrm{d}$$

$$\sigma_2=\frac{M}{I}y_{\max}=\frac{2883.4\times10^3}{0.269}\times1.1=11.79(\mathrm{MPa})$$

$$\sigma=\sigma_1+\sigma_2=54.03+11.79=65.82(\mathrm{MPa})<\sigma_\mathrm{y}=315(\mathrm{MPa})$$

符合规定要求。

(5) 工况二：地震作用

按《公路工程抗震规范》(JTG B02—2013) 的规定：

$$S_\mathrm{ud}=\gamma_0S(\sum_{i=1}^{m}G_{i\mathrm{d}},Q_{l\mathrm{d}},\sum_{j=1}^{m}Q_{j\mathrm{d}})$$

① 作用于墩柱底面的荷载

$$N=1.0\times[1.0\times(6228+175.4+281.6)+0.5\times1520]$$
$$=7445(\mathrm{kN})$$

② 作用于墩柱底面的弯矩

$$M_x=1.0\times(1.2\times0+0.5\times380+9413.2)=9603.2(\mathrm{kN\cdot m})$$

$$M_y=1.0\times(1.2\times0+0.5\times380+11484.10)=11674.1(\mathrm{kN\cdot m})$$

$$\sigma_1=\frac{N}{A}=\frac{7445\times10^3}{\pi\times2.168\times0.032}=34.18(\mathrm{MPa})$$

$$\sigma_2=\frac{M}{I}y_{\max}=\frac{9603.2\times10^3}{0.269}\times1.1=39.27(\mathrm{MPa})$$

$$\sigma_3=\frac{M}{I}y_{\max}=\frac{11674.1\times10^3}{0.269}\times1.1=47.74(\mathrm{MPa})$$

$$\sigma_{\max}=\sigma_1+\sigma_3=34.18+47.74=81.92(\mathrm{MPa})<\sigma_\mathrm{y}=315(\mathrm{MPa})$$

符合规定要求。

5.2.3 箱型钢桥墩的基本构造及设计

5.2.3.1 BS 型钢桥墩的基本构造及设计

BS 型桥墩柱截面图如图 5.8 所示。

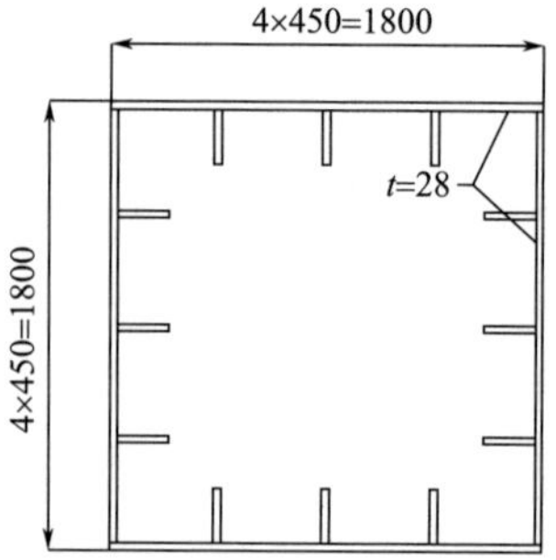

图 5.8 BS 型桥墩柱截面图

(1) 上部结构自重

① 主梁自重集度

$$g_1=(0.22\times0.03\times4+2.2\times0.025\times2)\times5\times78.5=53.54(\text{kN/m})$$

② 横隔梁自重集度

$$g_2=[0.03\times(10\times2+2.35\times8)\times0.1\times9\times78.5]/5=16.45(\text{kN/m})$$

③ 桥面铺装层自重集度

$$g_3=0.2\times12\times25+0.07\times11\times23=77.71(\text{kN/m})$$

④ 栏杆自重集度

$$g_4=8\times1=8(\text{kN/m})$$

⑤ 上部结构恒荷载集度

$$g=\sum g_i=53.54+16.45+77.71+8=155.7(\text{kN/m})$$

⑥ 盖梁自重

$$G_g=(12\times1.8+1.8\times2+5.19\times1.8\times2+5.1\times6)\times0.030\times78.5$$
$$=175.4(\text{kN})$$

⑦ 一孔上部结构自重

$$G=155.7\times40=6228(\text{kN})$$

⑧ 墩柱自重

$$G_{BS}=(1.8\times0.028\times4+12\times0.22\times0.028)\times10\times78.5=216.3(\text{kN})$$

(2) 活载载重

按《公路桥涵设计通用规范》(JTG D60—2015) 规定，公路-Ⅰ车道荷载的均布荷载：$q_k=10.5\text{kN/m}$，集中荷载：$P_k=2\times(40+130)=340(\text{kN})$。

① 按双孔单列布载

$$p=(40\times2\times10.5+340)/2=760(\text{kN})$$

② 按双孔双列布载

$$p=(80\times2\times10.5+340\times2)/2=1520(\text{kN})$$

③ 按单孔单列布载

$$p=(40\times10.5+340)/2=380(\text{kN})$$

④ 按单孔双列布载

$$p=(80\times10.5+340\times2)/2=760(\text{kN})$$

⑤ 结构自振频率

$$f=\frac{\pi}{2l^2}\sqrt{\frac{EI_c}{m_c}}=3.78(\text{Hz})$$

⑥ 冲击系数

$$\mu=0.1767\ln f-0.0157=0.219$$

⑦ 汽车荷载

$$p_q=(1+\mu)p=1852.88(\mathrm{kN})$$
$$M_q=(1+\mu)M=463.22(\mathrm{kN\cdot m})$$

⑧ 制动力

$$F_h=0.1\times(340+10.5\times200)\times2/4=122(\mathrm{kN})<165(\mathrm{kN})$$
$$P_h=165\mathrm{kN}\qquad M_h=P_h\times h=165\times12.2=2013(\mathrm{kN\cdot m})$$

(3) 地震作用

按《城市桥梁抗震设计规范》(CJJ 166—2011) 5.2.1-1 项规定求得地震荷载：$m=5.46\times10^5\mathrm{N\cdot s^2/m}$，$k=1.54\times10^7\mathrm{N/m}$。

① 结构周期

$$T=2\pi\sqrt{\frac{m}{k}}=1.18(\mathrm{s})$$

$\eta_2=1$，$A=0.2g\times0.61=0.122g$，$S_{\max}=2.25A$，$T_g=0.65\mathrm{s}$。

② 水平设计加速度反应谱值

$$S=\eta_2 S_{\max}\left(\frac{T_g}{T}\right)^y=1\times0.275g\times\left(\frac{0.65}{1.18}\right)^{0.9}=0.161g$$

③ 地震力

$$F=mS=861.09(\mathrm{kN})$$

地震力引起的墩底截面弯矩（顺桥向）

$$M_{dx}=Fh_1=861.09\times10=8610.9(\mathrm{kN\cdot m})$$

地震力引起的墩底截面弯矩（横桥向）

$$M_{dy}=Fh_2=861.09\times12.2=10505.33(\mathrm{kN\cdot m})$$

BS 型桥墩在地震作用下墩底弯矩图如图 5.9 所示。

(4) 工况一：承载能力极限状态

按《公路桥涵设计通用规范》(JTG D60—2015) 4.1.5-1 项规定：

$$S_{ud}=\gamma_0 S\left(\sum_{i=1}^{m}G_{id},Q_{ld},\sum_{j=1}^{m}Q_{jd}\right)$$

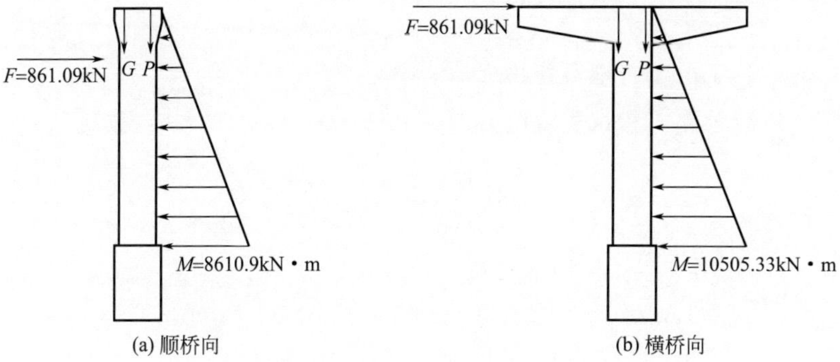

图 5.9　BS 型桥墩在地震作用下墩底弯矩图

① 作用于墩柱底面的荷载

$$N=1.1\times[1.2\times(6228+175.4+216.3)+1.4\times1912.88]$$
$$=11683.84(\text{kN})$$

② 作用于墩柱底面的弯矩

$$M=1.1\times(1.2\times0+1.4\times463.22+0.7\times1.4\times2013)$$
$$=2883.4(\text{kN}\cdot\text{m})$$

按《公路钢结构桥梁设计规范》(JTG D64—2015) 5.2.2-1 项规定：

$$\gamma_0 N_d \leqslant A_{\text{eff,c}} f_d$$

$$\sigma_1=\frac{N}{A_{\text{eff,c}}}=\frac{11683.84\times10^3}{1.8^2-1.744^2}=58.87(\text{MPa})$$

按《公路钢结构桥梁设计规范》(JTG D64—2015) 5.3.1-1 项规定：

$$\gamma_0\sigma=\gamma_0\frac{M_y}{W_{y,\text{eff}}}\leqslant f_d$$

$$\sigma_2=\frac{M}{I}y_{\max}=\frac{2883.4\times10^3}{0.1305}\times0.9=19.8(\text{MPa})$$

$\sigma=\sigma_1+\sigma_2=58.87+19.80=78.67(\text{MPa})<\sigma_y=315(\text{MPa})$

符合规定要求。

(5) 工况二：地震作用

按《公路工程抗震规范》(JTG B02—2013) 5.5.1 项规定：

$$S_{ud}=\gamma_0 S(\sum_{i=1}^{m}G_{id},Q_{ld},\sum_{j=1}^{m}Q_{jd})$$

① 作用于墩柱底面的荷载

$$N=1.0\times[1.0\times(6228+175.4+216.3)+0.5\times1520]=7379.7(\text{kN})$$

② 作用于墩柱底面的弯矩

$M=1.0\times(1.2\times0+0.5\times380+8610.9)=8800.9(\text{kN}\cdot\text{m})$

$M=1.0\times(0.5\times380+10505.33)=10695.3(\text{kN}\cdot\text{m})$

$$\sigma_1=\frac{N}{A}=\frac{7379.7\times10^3}{0.195}=37.84(\text{MPa})$$

$$\sigma_2=\frac{M}{I}y_{max}=\frac{8800.9\times10^3}{0.1305}\times0.9=60.70(\text{MPa})$$

$$\sigma_3=\frac{M}{I}y_{max}=\frac{10695.3\times10^3}{0.1305}\times0.9=73.76(\text{MPa})$$

$\sigma_{max}=\sigma_1+\sigma_3=37.84+73.76=111.6(\text{MPa})<\sigma_y=315(\text{MPa})$

符合规定要求。

5.2.3.2 BC 型钢桥墩的基本构造及设计

BC 型桥墩柱截面图如图 5.10 所示。

(1) 上部结构自重

① 主梁自重集度

$g_1=(0.22\times0.03\times4+2.2\times0.025\times2)\times5\times78.5=53.54(\text{kN/m})$

② 横隔梁自重集度

$g_2=[0.03\times(10\times2+2.35\times8)\times0.1\times9\times78.5]/5=16.45(\text{kN/m})$

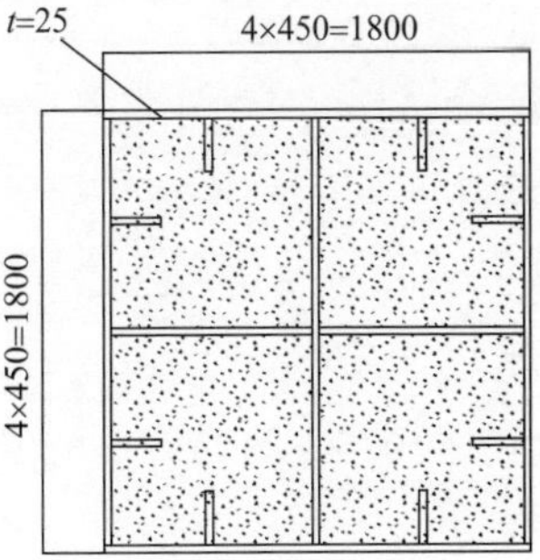

图 5.10　BC 型桥墩柱截面图

③ 桥面铺装层自重集度

$$g_3=0.2\times12\times25+0.07\times11\times23=77.71(\text{kN/m})$$

④ 栏杆自重集度

$$g_4=8\times1=8(\text{kN/m})$$

⑤ 上部结构恒荷载集度

$$g=\sum g_i=53.54+16.45+77.71+8=155.7(\text{kN/m})$$

⑥ 盖梁自重

$$G_g=(12\times1.8+1.8\times2+5.19\times1.8\times2+5.1\times6)\times0.030\times78.5$$
$$=175.4(\text{kN})$$

⑦ 一孔上部结构自重

$$G=155.7\times40=6228(\text{kN})$$

⑧ 墩柱自重

$$G_{BC}=(1.8\times0.025\times6+8\times0.22\times0.025)\times10\times78.5=242.1(\text{kN})$$

（2）活载载重

按《公路桥涵设计通用规范》(JTG D60—2015）规定，公路-Ⅰ车道荷载的均布荷载：$q_k=10.5\text{kN/m}$，集中荷载：$P_k=2\times(40+$

130)＝340(kN)。

① 按双孔单列布载

$$p=(40\times2\times10.5+340)/2=760(\mathrm{kN})$$

② 按双孔双列布载

$$p=(80\times2\times10.5+340\times2)/2=1520(\mathrm{kN})$$

③ 按单孔单列布载

$$p=(40\times10.5+340)/2=380(\mathrm{kN})$$

④ 按单孔双列布载

$$p=(80\times10.5+340\times2)/2=760(\mathrm{kN})$$

⑤ 结构自振频率

$$f=\frac{\pi}{2l^2}\sqrt{\frac{EI_{\mathrm{c}}}{m_{\mathrm{c}}}}=3.78(\mathrm{Hz})$$

⑥ 冲击系数

$$\mu=0.1767\ln f-0.0157=0.219$$

⑦ 汽车荷载

$$p_{\mathrm{q}}=(1+\mu)p=1852.88(\mathrm{kN})$$

$$M_{\mathrm{q}}=(1+\mu)M=463.22(\mathrm{kN\cdot m})$$

⑧ 制动力

$$F_{\mathrm{h}}=0.1\times(340+10.5\times200)\times2/4=122(\mathrm{kN})<165(\mathrm{kN})$$

$$P_{\mathrm{h}}=165\mathrm{kN}\qquad M_{\mathrm{h}}=P_{\mathrm{h}}h=165\times12.2=2013(\mathrm{kN\cdot m})$$

(3) 地震作用

按《城市桥梁抗震设计规范》(CJJ 166—2011) 5.2.1-1 项规定求得地震荷载：$m=5.46\times10^5\mathrm{N\cdot s^2/m}$，$k=1.51\times10^7\mathrm{N/m}$。

① 结构周期

$$T=2\pi\sqrt{\frac{m}{k}}=1.19(\mathrm{s})$$

$\eta_2=1$，$A=0.2g\times0.61=0.122g$，$S_{\max}=2.25A$，$T_g=0.65\mathrm{s}$。

② 水平设计加速度反应谱值

$$S=\eta_2 S_{\max}\left(\frac{T_g}{T}\right)^{y}=1\times 0.275g\times\left(\frac{0.65}{1.07}\right)^{0.9}=0.176g$$

③ 地震力

$$F=mS=855.74(\text{kN})$$

地震力引起的墩底截面弯矩（顺桥向）

$$M_{dx}=Fh_1=855.74\times 10=8557.4(\text{kN}\cdot\text{m})$$

地震力引起的墩底截面弯矩（横桥向）

$$M_{dy}=Fh_2=855.74\times 12.2=10440.08(\text{kN}\cdot\text{m})$$

BC 型桥墩在地震作用下墩底弯矩图如图 5.11 所示。

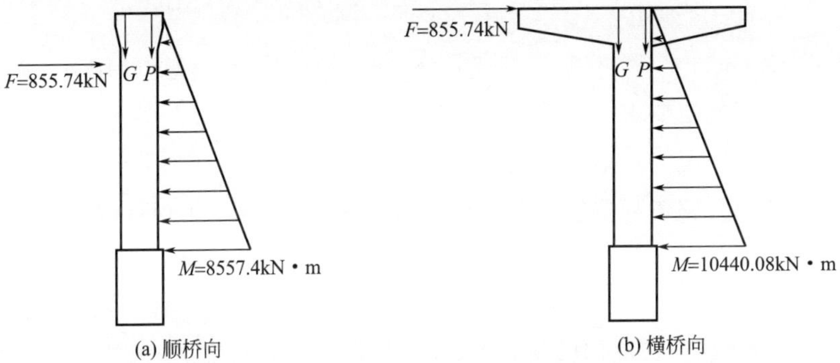

图 5.11　BC 型桥墩在地震作用下墩底弯矩图

（4）工况一：承载能力极限状态

按《公路桥涵设计通用规范》(JTG D60—2015）4.1.5-1 项规定：

$$S_{ud}=\gamma_0 S(\sum_{i=1}^{m}G_{id},Q_{ld},\sum_{j=1}^{m}Q_{jd})$$

① 作用于墩柱底面的荷载

$$N=1.1\times[1.2\times(6228+175.4+242.1)+1.4\times 1912.88]$$
$$=11717.9(\text{kN})$$

② 作用于墩柱底面的弯矩

$$M=1.1\times(1.2\times0+1.4\times463.22+0.7\times1.4\times2013)$$
$$=2883.4(\mathrm{kN}\cdot\mathrm{m})$$

按《公路钢结构桥梁设计规范》(JTG D64—2015) 5.2.2-1 项规定：

$$\gamma_0 N_d \leqslant A_{\mathrm{eff,c}} f_{\mathrm{d}}$$

$$\sigma_1=\frac{N}{A_{\mathrm{eff,c}}}=\frac{11717.9\times10^3}{1.8^2-1.75^2}=66.02(\mathrm{MPa})$$

按《公路钢结构桥梁设计规范》(JTG D64—2015) 5.3.1-1 项规定：

$$\sigma_2=\frac{M}{I}y_{\max}=\frac{2883.4\times10^3}{0.124}\times1.1=20.93(\mathrm{MPa})$$

$$\sigma=\sigma_1+\sigma_2=66.02+20.93=86.95(\mathrm{MPa})<\sigma_{\mathrm{y}}=315(\mathrm{MPa})$$

符合规定要求。

(5) 工况二：地震作用

按《公路工程抗震规范》(JTG B02—2013) 5.5.1 项规定：

$$S_{\mathrm{ud}}=\gamma_0 S(\sum_{i=1}^{m}G_{i\mathrm{d}},Q_{l\mathrm{d}},\sum_{j=1}^{m}Q_{j\mathrm{d}})$$

① 作用墩柱底面的荷载

$$N=1.0\times[1.0\times(6228+175.4+242.1)+0.5\times1520]$$
$$=7405.5(\mathrm{kN})$$

② 作用墩柱底面的弯矩

$$M_x=1.0\times(1.2\times0+0.5\times380+8557.4)=8747.4(\mathrm{kN}\cdot\mathrm{m})$$
$$M_y=1.0\times(0.5\times380+10440.08)=10630.08(\mathrm{kN}\cdot\mathrm{m})$$

$$\sigma_1=\frac{N}{A}=\frac{7405.5\times10^3}{0.195}=37.98(\mathrm{MPa})$$

$$\sigma_2=\frac{M}{I}y_{\max}=\frac{8747.4\times10^3}{0.124}\times0.9=63.49(\mathrm{MPa})$$

$$\sigma_3=\frac{M}{I}y_{\max}=\frac{10630.08\times10^3}{0.124}\times0.9=77.15(\mathrm{MPa})$$

$\sigma_{max}=\sigma_1+\sigma_3=37.98+77.15=115.13(MPa)<\sigma_y=315(MPa)$

符合规定要求。

5.2.4 框架钢桥墩的基本构造及设计

框架钢桥墩柱截面如图 5.12 所示。

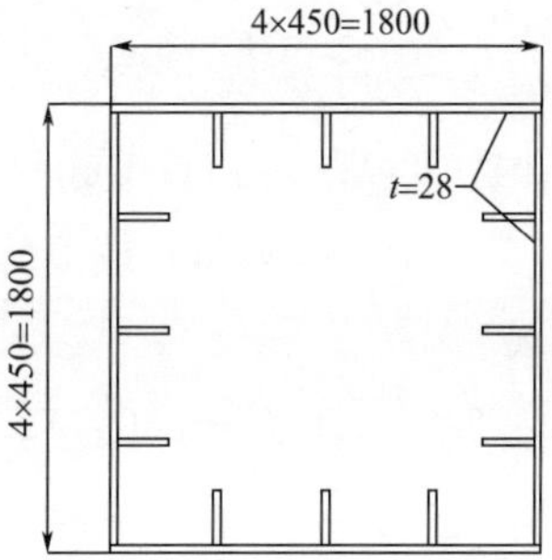

图 5.12　框架钢桥墩柱截面图

（1）上部结构自重

① 主梁自重集度

$$g_1=1.667\times78.5=130.86(kN/m)$$

② 横隔梁自重集度

$$g_2=[0.016\times24.68\times21\times78.5]/80=8.14(kN/m)$$

③ 桥面铺装层自重集度

$$g_3=0.08\times23.5\times23=43.24(kN/m)$$

④ 栏杆集度

$$g_4=8\times1=8(kN/m)$$

⑤ 上部结构固定荷载集度

$$g=\sum g_i=130.86+8.14+43.24+8=190.24(kN/m)$$

⑥ 盖梁自重

$$G=172.68\times0.030\times78.5=406.66(\mathrm{kN})$$

⑦ 一孔上部结构自重

$$G_S=190.24\times80=15219.2(\mathrm{kN})$$

⑧ 墩柱自重

$$G_D=(1.8\times0.028\times4+12\times0.22\times0.028)\times10\times2\times78.5=432.6(\mathrm{kN})$$

(2) 活载载重

按《公路桥涵设计通用规范》(JTG D60—2015) 规定，公路-Ⅰ车道荷载的均布荷载：$q_k=10.5\mathrm{kN/m}$，集中荷载：$P_k=360\mathrm{kN}$。

① 按双孔单列布载

$$p=(80\times2\times10.5)/2+360=1200(\mathrm{kN})$$

② 按双孔双列布载

$$2p=2400(\mathrm{kN})$$

③ 按双孔三列布载

$$2.34p=2808(\mathrm{kN})$$

④ 按单孔单列布载

$$p=(80\times10.5)/2+360=780(\mathrm{kN})$$

⑤ 按单孔双列布载

$$2p=1580(\mathrm{kN})$$

⑥ 按单孔双列布载

$$2.34p=1825.2(\mathrm{kN})$$

⑦ 结构自振频率

$$f=\frac{\pi}{2l^2}\sqrt{\frac{EI_c}{m_c}}=\frac{\pi}{2\times80^2}\times\sqrt{\frac{2.06\times10^{11}\times3.25}{13.9\times10^3}}=1.70(\mathrm{Hz})$$

⑧ 冲击系数

$$\mu=0.1767\ln f-0.0157=0.078$$

⑨ 汽车荷载

$p_{max}=\eta_1(1+\mu)p=1.06\times1.078\times2400=2742.43(kN)$

$M_q=0.25\eta_1(1+\mu)p=0.25\times1.06\times1.078\times2400=685.61(kN\cdot m)$

(3) 地震作用

按《城市桥梁抗震设计规范》(CJJ 166—2011) 5.2.1-1 项规定求得地震荷载：$m=1.55\times10^6 N\cdot s^2/m$，$k=3.57\times10^7 N/m$。

① 结构周期

$$T=2\pi\sqrt{\frac{m}{k}}=1.31(s)$$

$\eta_2=1$，$A=0.2g\times0.61=0.122g$，$S_{max}=2.25A$，$T_g=0.65s$。

② 水平设计加速度反应谱值

$$S=\eta_2 S_{max}\left(\frac{T_g}{T}\right)^y=1\times0.275g\times\left(\frac{0.65}{1.31}\right)^{0.9}=0.146g$$

③ 地震力

$$F=mS=2222.00(kN)$$

恒载和汽车荷载作用下的弯矩图如图 5.13 所示。恒载、汽车荷载和地震作用下的弯矩图如图 5.14 所示。

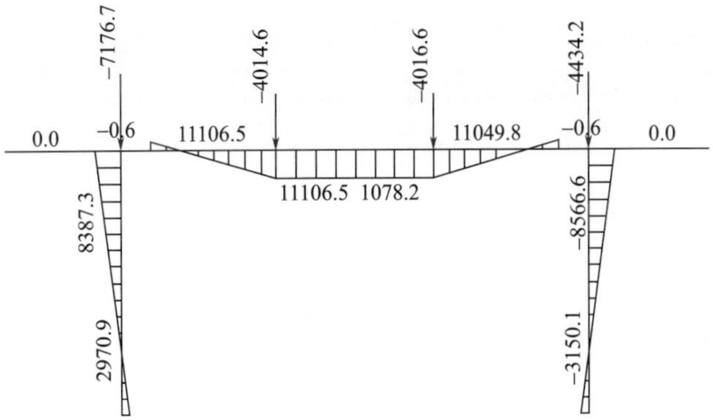

图 5.13　恒载和汽车荷载作用下的弯矩图

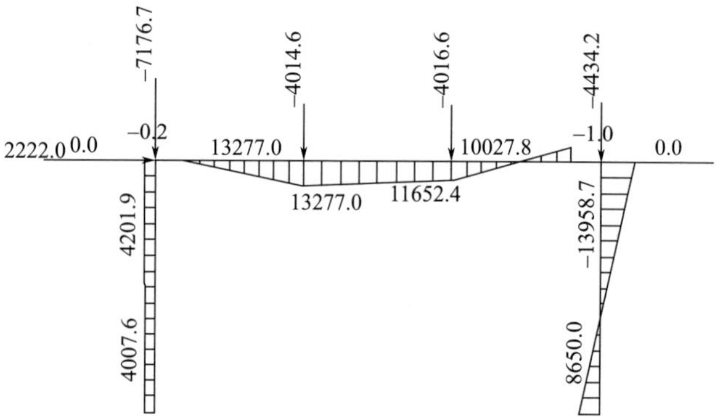

图 5.14 恒载、汽车荷载和地震作用下的弯矩图

（4）工况一：承载能力极限状态

按《公路桥涵设计通用规范》(JTG D60—2015) 4.1.5-1 项规定：

$$S_{ud}=\gamma_0 S(\sum_{i=1}^{m}G_{id},Q_{ld},\sum_{j=1}^{m}Q_{jd})$$

① 作用于墩柱底面的荷载

$$N=1.1\times[1.2\times(15219.2+406.66+432.6)/2+1.4\times2742.43]$$
$$=14821.93(\mathrm{kN})$$

② 作用于墩柱底面的弯矩

$$M=3150.1\mathrm{kN\cdot m}$$

按《公路钢结构桥梁设计规范》(JTG D64—2015) 5.2.2-1 项规定：

$$\gamma_0 N_d \leqslant A_{eff,c} f_d$$

$$\sigma_1=\frac{N}{A_{eff,c}}=\frac{14821.93\times10^3}{0.27}=54.90(\mathrm{MPa})$$

按《公路钢结构桥梁设计规范》(JTG D64—2015) 5.3.1-1 项规定：

$$\gamma_0\sigma=\gamma_0\frac{M_y}{W_{y,\mathrm{eff}}}\leqslant f_{\mathrm{d}}$$

$$\sigma_2=\frac{M}{I}y_{\max}=\frac{3150.1\times10^3}{0.1305}\times0.9=26.07(\mathrm{MPa})$$

$$\sigma=\sigma_1+\sigma_2=54.90+26.07=80.97(\mathrm{MPa})<\sigma_{\mathrm{y}}=315(\mathrm{MPa})$$

符合规定要求。

(5) 工况二：地震作用

按《公路工程抗震规范》(JTG B02—2013) 5.5.1 项规定：

$$S_{\mathrm{ud}}=\gamma_0 S(\sum_{i=1}^{m}G_{i\mathrm{d}},Q_{l\mathrm{d}},\sum_{j=1}^{m}Q_{j\mathrm{d}})$$

① 作用于墩柱底面的荷载

$$N=1.0\times[1.0\times(15219.2+406.66+432.6)/2+0.5\times2544]$$
$$=9301.23(\mathrm{kN})$$

② 作用于墩柱底面的弯矩

$$M=8649.5\mathrm{kN\cdot m}$$

$$\sigma_1=\frac{N}{A}=\frac{9301.23\times10^3}{0.27}=34.45(\mathrm{MPa})$$

$$\sigma_2=\frac{M}{I}y_{\max}=\frac{8649.5\times10^3}{0.1305}\times0.9=59.65(\mathrm{MPa})$$

$$\sigma=\sigma_1+\sigma_2=34.45+59.65=94.1(\mathrm{MPa})<\sigma_{\mathrm{y}}=315(\mathrm{MPa})$$

符合规定要求。

桥墩墩底所受最大弯矩和最大应力如表 5.1 所示。

表 5.1　桥墩墩底所受最大弯矩和最大应力表

桥墩类型	顺桥向墩底弯矩 /kN·m	横桥向墩底弯矩 /kN·m	墩底最大应力 /MPa
CS 型桥墩	9603.2	11674.1	82.83
CO 型桥墩	9603.2	11674.1	81.92
BS 型桥墩	8800.9	10695.3	111.6

续表

桥墩类型	顺桥向墩底弯矩 /kN·m	横桥向墩底弯矩 /kN·m	墩底最大应力 /MPa
BC 型桥墩	8747.4	10630.08	115.13
框架式桥墩	8244.6	8649.5	94.1

5.3 桥墩与基础的横梁加固螺杆连接构造及设计

5.3.1 圆形钢桥墩与基础的构造及设计

5.3.1.1 CS 型钢桥墩与基础的构造及设计

（1）根据桥墩设计计算

① 作用于墩柱底面的荷载

$$N=1.0\times[1.0\times(6228+175.4+203.7)+0.5\times1520]=7367.1(\text{kN})$$

② 作用于墩柱底面的弯矩

顺桥向 $M_x=1.0\times(1.2\times0+0.5\times380+9413.2)=9603.2(\text{kN}\cdot\text{m})$

横桥向 $M_y=1.0\times(1.2\times0+0.5\times380+11484.10)=11674.1(\text{kN}\cdot\text{m})$

拟采用 24 个螺栓，接触面没有浮锈且采用喷丸处理，为 M36 8.8 级螺栓。如图 5.15 所示。

（2）顺桥向计算

① 单个螺栓受到的最大拉力

$$N_{t1}=\frac{My_1}{m\sum y_i^2}-\frac{N}{n}=\frac{9603.2\times10^3\times2400}{51840000}-\frac{7367.1}{24}=137.63(\text{kN})<0.8P=238.4(\text{kN})$$

② 螺栓实际承受的总拉力

$$\sum N_{ti}=1651.0\text{kN}$$

③ 螺栓群的抗剪承载力设计值

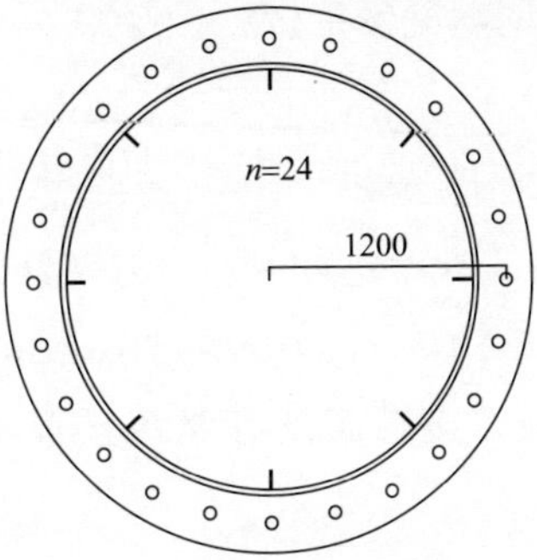

图 5.15　圆形桥墩与基础连接示意图

$$N_{v1}=0.9n_f\mu(nP-1.25\sum N_{ti})=0.9\times1\times0.45\times(24\times298-1.25\times1651.0)=2060.8(kN)>861.09(kN)$$

满足规定要求。

(3) 横桥向计算

① 单个螺栓受到的最大拉力

$$N_{t1}=\frac{My_1}{m\sum y_i^2}-\frac{N}{n}=\frac{11647.1\times10^3\times2400}{51840000}-\frac{7367.1}{24}=232.26(kN)<0.8P=238.4(kN)$$

② 螺栓实际承受的总拉力

$$\sum N_{ti}=2802kN$$

③ 螺栓群的抗剪承载力设计值

$$N_{v1}=0.9n_f\mu(nP-1.25\sum N_{ti})=0.9\times1\times0.45\times(24\times298-1.25\times2802)=1478.0(kN)>861.09(kN)$$

满足规定要求。

5.3.1.2 CO 型钢桥墩与基础的构造及设计

(1) 根据桥墩设计计算

① 作用于墩柱底面的荷载

$$N=1.0\times[1.0\times(6228+175.4+203.7)+0.5\times1520]$$
$$=7367.1(\mathrm{kN})$$

② 作用于墩柱底面的弯矩

顺桥向 $M_x=1.0\times(1.2\times0+0.5\times380+9413.2)=9603.2(\mathrm{kN\cdot m})$

横桥向 $M_y=1.0\times(1.2\times0+0.5\times380+11484.10)=11674.1(\mathrm{kN\cdot m})$

拟采用 24 个螺栓，接触面没有浮锈且采用喷丸处理，为 M36 8.8 级螺栓。

(2) 顺桥向计算

① 单个螺栓受到的最大拉力

$$N_{t1}=\frac{My_1}{m\sum y_i^2}-\frac{N}{n}=\frac{9603.2\times10^3\times2400}{51840000}-\frac{7367.1}{24}$$
$$=137.63(\mathrm{kN})<0.8P=238.4(\mathrm{kN})$$

② 螺栓实际承受的总拉力

$$\sum N_{ti}=1651.0\mathrm{kN}$$

③ 螺栓群的抗剪承载力设计值

$$N_{v1}=0.9n_f\mu(nP-1.25\sum N_{ti})=0.9\times1\times0.45\times$$
$$(24\times298-1.25\times1651.0)=2060.8(\mathrm{kN})>861.09(\mathrm{kN})$$

满足规定要求。

(3) 横桥向计算

① 单个螺栓受到的最大拉力

$$N_{t1}=\frac{My_1}{m\sum y_i^2}-\frac{N}{n}=\frac{11647.1\times10^3\times2400}{51840000}-\frac{7367.1}{24}$$
$$=232.26(\mathrm{kN})<0.8P=238.4(\mathrm{kN})$$

② 螺栓实际承受的总拉力

$$\sum N_{ti}=2802\mathrm{kN}$$

③ 螺栓群的抗剪承载力设计值

$$N_{v1}=0.9n_f\mu(nP-1.25\sum N_{ti})=0.9\times1\times0.45\times$$
$$(24\times298-1.25\times2802)=1478.0(\mathrm{kN})>861.09(\mathrm{kN})$$

满足规定要求。

5.3.2　箱型钢桥墩与基础的构造及设计

5.3.2.1　BS 型钢桥墩与基础的构造及设计

（1）根据桥墩设计计算

① 作用于墩柱底面的荷载

$$N=1.0\times[1.0\times(6228+175.4+216.3)+0.5\times1520]$$
$$=7379.7(\mathrm{kN})$$

② 作用于墩柱底面的弯矩

顺桥向 $M_x=1.0\times(1.2\times0+0.5\times380+8610.9)=8800.9(\mathrm{kN\cdot m})$

横桥向 $M_y=1.0\times(0.5\times380+10505.33)=10695.3(\mathrm{kN\cdot m})$

拟采用 28 个螺栓，接触面没有浮锈且采用喷丸处理，为 M36 8.8 级螺栓，如图 5.16 所示。

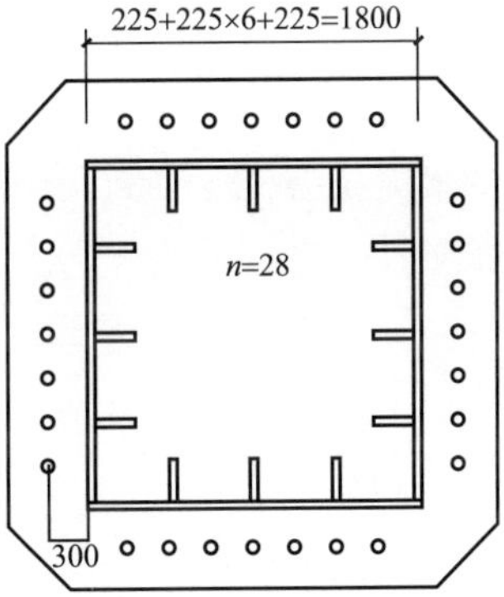

图 5.16　箱型桥墩与基础连接图

（2）顺桥向计算

① 单个螺栓受到的最大拉力

$$N_{t1}=\frac{My_1}{m\sum y_i^2}-\frac{N}{n}$$

$$=\frac{8800.9\times10^3\times2100}{7\times2100^2+2\times(1575^2+1350^2+1125^2+900^2+675^2+450^2+225^2)}$$

$$-\frac{7379.7}{28}=144.9(\text{kN})<0.8P=238.4(\text{kN})$$

② 按比例关系可求得各排螺栓受到的力

$N_{t2}=108.7\text{kN}$　$N_{t3}=93.1\text{kN}$　$N_{t4}=77.8\text{kN}$　$N_{t5}=62.1\text{kN}$

$N_{t6}=46.6\text{kN}$　$N_{t7}=38.0\text{kN}$　$N_{t8}=15.5\text{kN}$

③ 螺栓实际承受的总拉力

$$\sum N_{ti}=7\times N_{t1}+2\times(N_{t2}+N_{t3}+N_{t4}+N_{t5}+N_{t6}+N_{t7}+N_{t8})$$
$$=1897.8(\text{kN})$$

④ 螺栓群的抗剪承载力设计值

$$N_{v1}=0.9n_f\mu(nP-1.25\sum N_{ti})=0.9\times1\times0.45\times$$
$$(28\times298-1.25\times1897.8)=2418.6(\text{kN})>861.09(\text{kN})$$

满足规定要求。

(3) 横桥向计算

① 单个螺栓受到的最大拉力

$$N_{t1}=\frac{My_1}{m\sum y_i^2}-\frac{N}{n}$$

$$=\frac{10695.3\times10^3\times2100}{7\times2100^2+2\times(1575^2+1350^2+1125^2+900^2+675^2+450^2+225^2)}$$

$$-\frac{7379.7}{28}=232.9\ (\text{kN})\ <0.8P=238.4\ (\text{kN})$$

② 按比例关系可求得各排螺栓受到的力

$N_{t2}=174.6\text{kN}$　$N_{t3}=149.7\text{kN}$　$N_{t4}=124.7\text{kN}$

$N_{t5}=99.8\text{kN}$　$N_{t6}=74.8\text{kN}$　$N_{t7}=61.0\text{kN}$

$N_{t8}=25.0\text{kN}$

③ 螺栓实际承受的总拉力

$$\sum N_{ti}-7\times N_{t1}+2\times(N_{t2}+N_{t3}+N_{t4}+N_{t5}+N_{t6}+N_{t7}+N_{t8})$$
$$=3049.2(\mathrm{kN})$$

④ 螺栓群的抗剪承载力设计值

$$N_{v1}=0.9n_f\mu(nP-1.25\sum N_{ti})=0.9\times1\times0.45\times$$
$$(28\times298-1.25\times3049.2)=1835.6(\mathrm{kN})>861.09(\mathrm{kN})$$

满足规定要求。

5.3.2.2　SR 型钢桥墩与基础的构造及设计

(1) 根据桥墩设计计算

① 作用于墩柱底面的荷载

$$N=1.0\times[1.0\times(6228+175.4+242.1)+0.5\times1520]$$
$$=7405.5(\mathrm{kN})$$

② 作用于墩柱底面的弯矩

顺桥向 $M_x=1.0\times(1.2\times0+0.5\times380+8557.4)=8747.4(\mathrm{kN\cdot m})$

横桥向 $M_y=1.0\times(0.5\times380+10440.08)=10630.08(\mathrm{kN\cdot m})$

拟采用 28 个螺栓，接触面没有浮锈且采用喷丸处理，为 M36 8.8 级螺栓。

(2) 顺桥向计算

① 单个螺栓受到的最大拉力

$$N_{t1}=\frac{My_1}{m\sum y_i^2}-\frac{N}{n}$$

$$=\frac{8747.4\times10^3\times2100}{7\times2100^2+2\times(1575^2+1350^2+1125^2+900^2+675^2+450^2+225^2)}$$

$$-\frac{7405.5}{28}=141.5(\mathrm{kN})<0.8P=238.4(\mathrm{kN})$$

② 按比例关系可求得各排螺栓受到的力

$N_{t2}=106.1\text{kN}$ $N_{t3}=91.0\text{kN}$ $N_{t4}=75.8\text{kN}$ $N_{t5}=60.7\text{kN}$

$N_{t6}=45.5\text{kN}$ $N_{t7}=37.1\text{kN}$ $N_{t8}=15.2\text{kN}$

③ 螺栓实际承受的总拉力

$$\sum N_{ti}=7\times N_{t1}+2\times(N_{t2}+N_{t3}+N_{t4}+N_{t5}+N_{t6}+N_{t7}+N_{t8})$$
$$=1853.2(\text{kN})$$

④ 螺栓群的抗剪承载力设计值

$$N_{v1}=0.9n_f\mu(nP-1.25\sum N_{ti})=0.9\times1\times0.45\times$$
$$(28\times298-1.25\times1853.2)=2441.1(\text{kN})>861.09(\text{kN})$$

满足规定要求。

(3) 横桥向计算

① 单个螺栓受到的最大拉力

$$N_{t1}=\frac{My_1}{m\sum y_i^2}-\frac{N}{n}$$
$$=\frac{10630.1\times10^3\times2100}{7\times2100^2+2\times(1575^2+1350^2+1125^2+900^2+675^2+450^2+225^2)}$$
$$-\frac{7405.5}{28}=228.9(\text{kN})<0.8P=238.4(\text{kN})$$

② 按比例关系可求得各排螺栓受到的力

$N_{t2}=171.7\text{kN}$ $N_{t3}=147.2\text{kN}$ $N_{t4}=122.6\text{kN}$ $N_{t5}=98.1\text{kN}$

$N_{t6}=73.6\text{kN}$ $N_{t7}=60.0\text{kN}$ $N_{t8}=24.5\text{kN}$

③ 螺栓实际承受的总拉力

$$\sum N_{ti}=7\times N_{t1}+2\times(N_{t2}+N_{t3}+N_{t4}+N_{t5}+N_{t6}+N_{t7}+N_{t8})$$
$$=2997.5(\text{kN})$$

④ 螺栓群的抗剪承载力设计值

$$N_{v1}=0.9n_f\mu(nP-1.25\sum N_{ti})=0.9\times1\times0.45\times$$
$$(28\times298-1.25\times2997.5)=1861.8(\text{kN})>861.09(\text{kN})$$

满足规定要求。

5.3.3　框架钢桥墩与基础的构造及设计

（1）根据桥墩设计计算

作用于墩柱底面的荷载 $N=9157.2\text{kN}$

作用于墩柱底面的弯矩 $M=8649.5\text{kN}\cdot\text{m}$

拟采用 28 个螺栓，接触面没有浮锈且采用喷丸处理，为 M24 8.8 级螺栓，如图 5.17 所示。

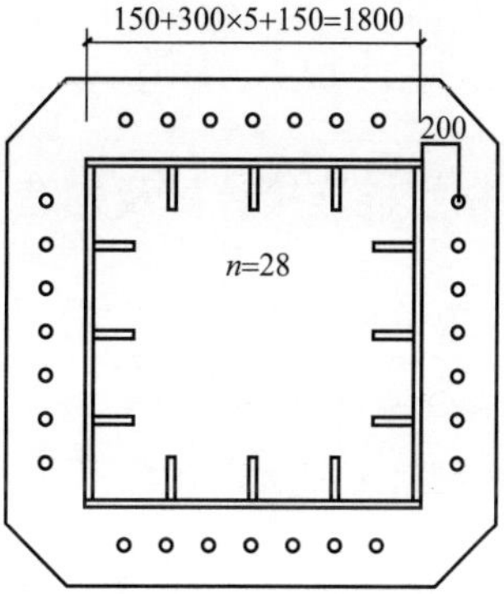

图 5.17　框架式桥墩与基础连接图

（2）螺栓计算

① 单个螺栓受到的最大拉力

$$N_{t1}=\frac{My_1}{m\sum y_i^2}-\frac{N}{n}$$

$$=\frac{8649.5\times10^3\times2000}{6\times2100^2+2\times(1650^2+1350^2+1050^2+750^2+450^2+150^2)}-\frac{9157.2}{24}$$

$$=87.6(\text{kN})<0.8P=238.4(\text{kN})$$

② 按比例关系可求得各排螺栓受到的力

$N_{t2}=72.3\text{kN}$　$N_{t3}=59.2\text{kN}$　$N_{t4}=46.0\text{kN}$　$N_{t5}=32.9\text{kN}$

$N_{t6}=19.7\text{kN}$　$N_{t7}=6.6\text{kN}$

③ 螺栓实际承受的总拉力

$$\sum N_{ti}=6\times N_{t1}+2\times(N_{t2}+N_{t3}+N_{t4}+N_{t5}+N_{t6}+N_{t7}+N_{t8})=999.0(\text{kN})$$

④ 螺栓群的抗剪承载力设计值

$$N_{v1}=0.9n_f\mu(nP-1.25\sum N_{ti})=0.9\times1\times0.45\times(24\times298-1.25\times999.0)=2390.7(\text{kN})>2260.9(\text{kN})$$

满足规定要求。

5.4 桥墩柱螺栓连接计算及构造

5.4.1 圆形钢桥墩柱螺栓连接计算及构造

圆形装配式桥墩一般采用对接焊缝连接，根据母材构件尺寸、焊缝等级采取相应的焊条类型和焊接方式，保证焊缝强度大于母材强度，使局部破坏发生在母材上，所以在此不进行赘述。

5.4.2 箱型钢桥墩柱螺栓连接计算及构造

5.4.2.1 BS 型钢桥墩柱螺栓连接计算及构造

（1）根据桥墩设计计算

顺桥向地震力 $F=861.09\text{kN}$　汽车制动力 $A=165\text{kN}$

顺桥向 1/2 墩高弯矩 $M=861.09\times5+165\times7.2=5493.45(\text{kN}\cdot\text{m})$

横桥向地震力 $F=861.09\text{kN}$　汽车偏载弯矩 $M=380\text{kN}\cdot\text{m}$

横桥向 1/2 墩高弯矩 $M=861.09\times7.2+380=6579.85(\text{kN}\cdot\text{m})$

自重荷载 $G=5348.4+175.4+216.4/2=5632(\text{kN})$

汽车荷载 $P=1520\text{kN}$

1/2 墩高处剪力 $V=G+P=7152(\text{kN})$

拟采用 324 个螺栓，接触面没有浮锈且采用喷丸处理，为 M24

10.9 级螺栓，如图 5.18 所示。

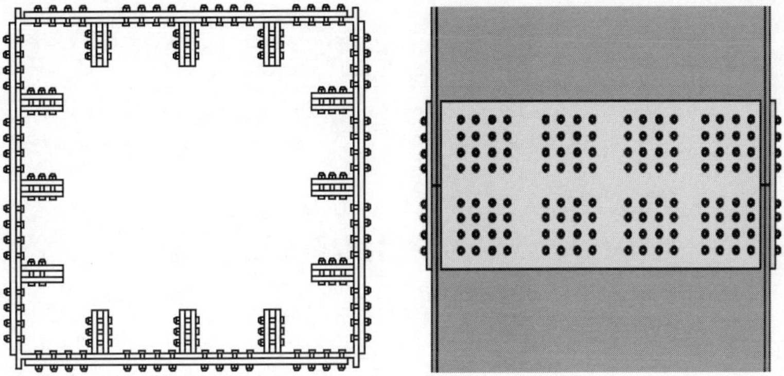

图 5.18　BS 型桥墩墩身连接图

（2）顺桥向计算

① 单个螺栓受弯矩作用产生的剪力

$$N_{v1}=\frac{My_1}{m\sum y_i^2}$$

$$=\frac{5493.45\times10^3\times900}{64\times900^2+8\times(825^2+725^2+625^2+525^2+375^2+275^2+175^2+75^2)}$$

$$=71.82(\mathrm{kN})$$

② 剪力最大面螺栓实际承受的总剪力

$$\sum N_{vi}=n\times N_{v1}+V/4=71.82\times64+7152/4=6384.50(\mathrm{kN})$$

③ 螺栓群的抗剪承载力设计值

$$N_v=0.9n_f\mu(nP-1.25\sum N_{ti})+0.9m_f\mu mP$$

$$=0.9\times1\times0.45\times(64\times225-1.25\times1026.09)+0.9\times2\times0.45\times12\times225=7499.54(\mathrm{kN})>6384.50(\mathrm{kN})$$

满足规定要求。

（3）横桥向计算

① 单个螺栓受弯矩作用产生的剪力

$$N_{v1}=\frac{My_1}{m\sum y_i^2}$$

$$=\frac{6579.85\times10^3\times900}{64\times900^2+8\times(825^2+725^2+625^2+525^2+375^2+275^2+175^2+75^2)}$$

$$=86.02(\text{kN})$$

② 剪力最大面螺栓实际承受的总剪力

$$\sum N_{vi}=86.02\times64+7152/4=7293.51(\text{kN})$$

③ 螺栓群的抗剪承载力设计值

$$N_v=0.9n_f\mu(nP-1.25\sum N_{ti})+0.9m_f\mu mP$$

$$=0.9\times1\times0.45\times(64\times225-1.25\times861.09)+0.9\times2\times0.45\times12\times225$$

$$=7583.07(\text{kN})>7293.51(\text{kN})$$

满足规定要求。

5.4.2.2 BC 型钢桥墩柱螺栓连接计算及构造

(1) 根据桥墩设计计算

顺桥向地震力 $F=855.74\text{kN}$　汽车制动力 $A=165\text{kN}$

顺桥向 1/2 墩高弯矩 $M=855.74\times5+165\times7.2=5466.7(\text{kN}\cdot\text{m})$

横桥向地震力 $F=855.74\text{kN}$　汽车偏载弯矩 $M=380\text{kN}\cdot\text{m}$

横桥向 1/2 墩高弯矩 $M=855.74\times7.2+380=6541.33(\text{kN}\cdot\text{m})$

自重荷载 $G=5348.4+175.4+242.1/2=5644.85(\text{kN})$

汽车荷载 $P=1520\text{kN}$

1/2 墩高处剪力 $V=G+P=7164.85(\text{kN})$

拟采用 324 个螺栓，接触面没有浮锈且采用喷丸处理，为 M24 10.9 级螺栓。

(2) 顺桥向计算

① 单个螺栓受弯矩作用产生的剪力

$$N_{v1}=\frac{My_1}{m\sum y_i^2}$$

$$=\frac{5466.7\times10^3\times900}{64\times900^2+8\times(825^2+725^2+625^2+525^2+375^2+275^2+175^2+75^2)}$$

$$=71.47(\mathrm{kN})$$

② 剪力最大面螺栓实际承受的总剪力

$$\sum N_{vi}=nN_{v1}+V/4=71.47\times64+7164.85/4=6365.33(\mathrm{kN})$$

③ 螺栓群的抗剪承载力设计值

$$N_v=0.9n_f\mu(nP-1.25\sum N_{ti})+0.9m_f\mu mP$$

$$=0.9\times1\times0.45\times(64\times225-1.25\times1020.74)+0.9\times2\times0.45\times12\times225$$

$$=7502.25(\mathrm{kN})>6365.33(\mathrm{kN})$$

满足规定要求。

(3) 横桥向计算

① 单个螺栓受弯矩作用产生的剪力

$$N_{v1}=\frac{My_1}{m\sum y_i^2}$$

$$=\frac{6541.33\times10^3\times900}{64\times900^2+8\times(825^2+725^2+625^2+525^2+375^2+275^2+175^2+75^2)}$$

$$=85.52(\mathrm{kN})$$

② 剪力最大面螺栓实际承受的总剪力

$$\sum N_{vi}=85.52\times64+7164.85/4=7264.49(\mathrm{kN})$$

③ 螺栓群的抗剪承载力设计值

$$N_v=0.9n_f\mu(nP-1.25\sum N_{ti})+0.9m_f\mu mP$$

$$=0.9\times1\times0.45\times(64\times225-1.25\times855.74)+0.9\times2\times0.45\times12\times225$$

$$=7502.25(\mathrm{kN})>7264.49(\mathrm{kN})$$

满足规定要求。

5.4.3 框架钢桥墩柱螺栓连接计算及构造

（1）根据桥墩计算和迈达斯建模计算

地震力 $F=2222\text{kN}$

1/2 墩高弯矩 $M=4007.6\text{kN}\cdot\text{m}$

1/2 墩高处剪力 $V=G+P=10485.0(\text{kN})$

恒载、汽车荷载、地震荷载作用下的反力如图 5.19 所示。

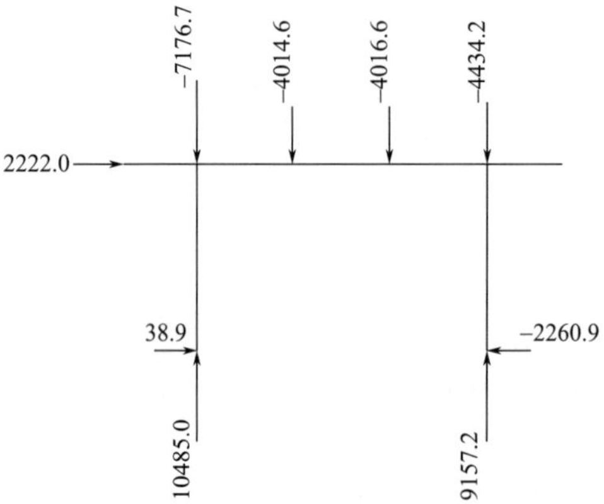

图 5.19 恒载、汽车荷载、地震荷载作用下的反力

拟采用 324 个螺栓，接触面没有浮锈且采用喷丸处理，为 M24 8.8 级螺栓。

（2）螺栓计算

① 单个螺栓受弯矩作用产生的剪力

$$N_{v1}=\frac{My_1}{m\sum y_i^2}$$

$$=\frac{4000.7\times10^3\times900}{64\times900^2+8\times(825^2+725^2+625^2+525^2+375^2+275^2+175^2+75^2)}$$

$$=52.30\ (\text{kN})$$

② 剪力最大面螺栓实际承受的总剪力

$$\sum N_{vi}=nN_{v1}+V/4=52.30\times 64+10485.0/4=5968.73(\mathrm{kN})$$

③ 螺栓群的抗剪承载力设计值

$$\begin{aligned}N_v&=0.9n_f\mu(nP-1.25\sum N_{ti})+0.9m_f\mu mP\\&=0.9\times 1\times 0.45\times(64\times 175-1.25\times 38.1)+0.9\times 2\times 0.45\times 12\times 175\\&=6217.71(\mathrm{kN})>5968.73(\mathrm{kN})\end{aligned}$$

满足规定要求。

5.5　本章小结

通过本章的计算与设计，钢桥墩与基础连接采用横向加劲梁螺杆形式连接，墩柱之间采用高强螺栓连接，在 7 度抗震设防地区的抗震要求下，无论是圆形钢桥墩还是矩形钢桥墩（根部钢管内部填充 3.5m 高混凝土的钢-混凝土组合桥墩）的抗震性能均满足要求，连接构造便于采用装配式施工。

第6章 城市高架桥装配式钢桥墩虚拟建造技术

在第5章中，介绍了城市高架桥装配式钢桥墩的设计及构造，其中通过计算与设计，确定了桥墩与基础、墩柱之间的连接方式，在7度抗震设防地区的抗震要求下，第5章中提及的桥墩形式抗震性能均满足要求。为了更好地理解和把握钢或钢-混凝土组合桥墩，如何合理采用装配式施工方法进行城市高架桥梁的施工建设，本章以三个实际工程为背景，利用BIM虚拟建造技术，对桥梁的施工过程进行模拟。

6.1 高架桥基本概况

6.1.1 工字型钢板梁高架桥基本概况

钢板梁桥是一种常见的钢桥形式，由钢板或者型钢等通过焊接、螺栓或铆钉等连接而成的工字型钢板梁作为主要承重结构的桥梁。

我国由于钢材产量的限制，在20世纪90年代以前钢材的应用仅限于铁路桥梁，公路桥梁中钢桥极少应用。20世纪90年代以后，由于大跨度桥梁建设的需要，钢结构桥梁得到了较大的发展，我国较多的将钢板梁桥运用于城市高架桥、立交桥等市政工程中。

工字型钢板梁高架桥如今被广泛应用，现以一具体实例进行介绍。

(1) 设计概况

本工字型钢板梁桥，桥面全宽为 12m，每跨跨度为 40m，全桥桥墩均为独柱式钢桥墩，采用装配式施工，桥墩墩底与基础的连接采用螺杆连接。

(2) 技术标准

恒载：钢梁、铺装等结构自重，数据见第 5 章。

可变荷载：温度荷载、风荷载。

平面半径：$R=\infty$。

倾角：$\theta=90^\circ$。

混凝土板厚：200mm。

沥青垫层厚：70mm。

支撑类型：橡胶支座（类型 B)。

地震烈度：按 7 度设防。

环境类别：Ⅱ类。

(3) 桥型结构

上部结构：工字型钢板梁桥，全桥宽度 12.0m，桁架高度 2200mm，主桁架间距为 2500mm。

下部结构：桥墩为独柱式钢桥墩，截面形式为箱型截面，桥墩部分高度为 12.2m，盖梁宽度 12m，墩身宽度为 1.8m，墩身设有纵向加劲肋，加劲肋的尺寸为 220mm×28mm，承台宽度 8.5m，厚度 2.2m；基础形式为现场打桩基础，直径为 1.2m，场地为Ⅱ类场地，桥梁重要性等级为 2 级。

(4) 主要材料

C30 混凝土：应用于承台、桩基。

钢材：上部结构及桥墩采用 Q345 钢材，其所有性能均应符合《低合金高强度结构钢》(GB/T 1591—2008）的要求。

(5) 施工要点

上部结构现场施工的大体流程是：主梁运输存放→支架平台吊装

施工→现场焊接→现场防腐处理→卸架。其中运输过程中每件构件不得超过运输车辆有关规定所能承受的荷重，存放时，存放场地应坚实平整，附近应设排水沟，以免构件浸水和地面沉陷不均而引起构件倾倒。在吊装过程中，吊装顺序按纵向依次吊装。

下部结构采用装配式施工，施工流程为：现场打桩→浇筑混凝土承台→预埋螺杆→吊装安装墩身→墩身基础连接→浇筑混凝土保护层→拼接盖梁，使用高强螺栓连接。其中钢结构桥墩采用箱型截面，截面尺寸为 1.8m×1.8m，壁厚为 28mm，节段间采用高强度螺栓连接，方便拆卸。同时由于钢结构易腐蚀，所以防腐措施尤为重要，在装配完成后，需进行防腐涂装。

6.1.2 箱型钢梁高架桥基本概况

我国钢箱梁桥发展较晚，直到 20 世纪 80 年代才开始建造钢箱梁桥，2000 年后，钢箱梁桥得到了更大的发展，尤其在公路桥梁中钢箱梁桥的身影越来越频繁地进入大家的视野，特别在城市立交桥和高架桥中，应用广泛。

钢箱型高架桥的桥梁建筑高度适中，工程量较省、适用性好，既可作为区间标准地段，也可用于曲线、变宽、出岔地段；整体受力性好；外观线型流畅、美观。

本节以钢箱型截面的高架梁桥为例具体介绍其装配式施工过程。

（1）设计概况

本钢箱型高架桥，桥面全宽为 23.5m，每跨跨度为 60m，全桥桥墩均为框架式钢结构桥墩，采用装配式施工，桥墩墩底与基础的连接采用螺杆连接。

（2）技术标准

恒载：钢梁、铺装等结构自重，数据见本书第 5 章。

可变荷载：温度荷载、风荷载。

平面半径：$R=\infty$。

倾角：$\theta=90^{\circ}$。

混凝土板厚：200mm。

沥青垫层厚：70mm。

支撑类型：橡胶支座（类型 B）。

地震烈度：按 7 度设防。

环境类别：Ⅱ类。

（3）桥型结构

上部结构：四室钢箱梁结构，横隔板与加劲肋厚度均为 $t=16$mm，U 形加劲肋厚度为 8mm，两端设有人孔加劲肋，半径为 $r=320$mm。

下部结构：桥墩为框架式钢桥墩，截面形式为箱型截面，桥墩部分高度为 12.2m，盖梁宽度 20.8m，墩身宽度为 1.8m，墩身设有纵向加劲肋，加劲肋的尺寸为 220mm×28mm，承台宽度 8.5m，厚度 2.2m；基础形式为现场打桩基础，直径为 1.2m，场地为Ⅱ类场地，A 类地域，桥梁重要性等级为 1 级。

（4）主要材料

C30 混凝土：用于承台、桩基。

钢材：上部结构及桥墩采用 Q345 钢材，其所有性能均应符合《低合金高强度结构钢》(GB/T 1591—2008）的要求。

（5）附属工程

伸缩缝：伸缩缝内填充聚氨酯胶泥，宽度为 2cm，深 5cm。

支座：全桥均采用板式橡胶支座，每个桥墩上设置四个支座，支座厚度设计为一层 2.4cm，共设 4 层。

钢结构防腐设计：本桥钢结构外表面涂装方案按大气区腐蚀种类为 C3 级别选用普通型涂层配套体系。涂装的材料及施工工艺要求应满足《公路桥梁钢结构防腐涂装技术条件》(JT/T 722—2008）的要求。

（6）施工要点

钢箱梁的施工与工字梁板桥的施工过程相似，唯一值得注意的是在钢箱梁的吊装过程中，吊装顺序为纵向依次吊装，每段施工时，先进行中间两片的吊装就位施工，接缝焊接好后，再进行两侧箱梁的吊装施工，并进行焊接施工，焊接施工检验合格后，进行下一段箱梁螺栓的连接与焊接施工。施工完成后对各段箱梁进行连接，接头处进行防腐处理。

6.1.3 人行钢桥基本概况

人行桥一般建造在车流量大、行人稠密的地段，或者交叉口、广场及铁路上面。人行桥只允许行人通过，用于避免车流和人流平面相交时的冲突，保障人们安全的穿越，提高车速，减少交通事故。

近些年，钢结构人行桥被广泛应用，因为人行钢桥所有构件均在工厂预制，运到现场吊装即可，工期短。此外，钢结构人行桥拆卸方便，外观轻盈美观，适合城市景观。但人行钢桥抗火性差，成本高且抗腐蚀性极差，钢材易被腐蚀，后期维护费用高。

人行桥在人们生活中必不可少，现对一具体实例进行介绍。

（1）设计概况

本人行天桥，主跨 31.5m，天桥两侧分别设置一个带坡道的楼梯，楼梯水平投影长度约为 24.0m。天桥及坡道的桥墩均为钢结构，基础为桩基础。

（2）技术标准

恒载：钢梁、铺装、栏杆等结构自重。

人群荷载：3.9kN/m^2（按城市桥梁设计规范取用）。

宽度组成：

① 天桥：0.3(桁架)×2+3.0(区间)+0.15(栏杆)×2=3.9(m)

② 梯道：0.15(栏杆)×2+0.4(坡道)×2+2.8(梯道)=3.9(m)

梯道坡度：1∶4。

机动车道净空：5.0m。

地震烈度：按 7 度设防。

环境类别：Ⅱ类。

（3）桥型结构

上部构造：钢桁架桥、梁板式钢梯。

下部构造：天桥桥墩为钢箱墩；钢筋混凝土承台，人工挖孔桩基础；梯道墩为钢管混凝土墩，人工挖孔桩基础；钢桥梯底座为钢筋混凝土底座，素混凝土基础。

（4）主要材料

混凝土：

① C30混凝土：用于承台、桩基础、混凝土桥梯基础。

② C20混凝土：用于垫层。

钢材：上部结构及桥墩采用Q345钢材，其所有性能均应符合《低合金高强度结构钢》(GB/T 1591—2008）的要求。

（5）附属工程

栏杆：栏杆采用不锈钢钢管扶手及不锈钢立柱，玻璃栏杆。

伸缩缝：梯道与主梁衔接处设伸缩缝，宽度为2cm；梯道与混凝土底座衔接处设伸缩缝，宽度为2cm。伸缩缝内填充聚氨酯胶泥，深5cm。

支座：全桥均采用板式橡胶支座，每个主墩上为主桥设置两个规格为GJZ200mm×250mm×49mm的支座，全桥共4个。

钢结构防腐设计：本桥钢结构外表涂装方案按大气区腐蚀种类为C3级别选用普通型涂层配套体系。

（6）施工流程

① 钢结构加工工厂预制节段钢桁架梁、钢梯道、桥墩及梯道墩等构件。

② 施工场地完成天桥基础的施工。

③ 钢构件运输到位后于路侧进行节段拼装连接。

④ 逐步完成钢桥墩、梯道墩以及钢桁架、钢桥墩的整体架设。

⑤ 完成钢桥面及其余附属工程的施工。

人行钢桥在生活中必不可少，可保障人们安全地穿越，提高车速，减少交通事故。

6.2 基于BIM的城市高架桥模型的建立

在建筑业信息化大趋势的推动下，将BIM技术应用到桥梁施工阶段是必然的趋势，但是在Revit软件中只有房屋建筑中常用的构件，很显然其属性和功能不能很好地满足桥梁构件的需求，因此在创建BIM模型时，应该选择合适的族样板，然后创建合适的族。本节将重点介绍工字型钢板梁高架桥、箱型梁高架桥和人行钢桥的创建方法。

6.2.1 工字型钢板梁高架桥模型的建立

6.2.1.1 梁族的创建

梁在桥梁工程中占有相当重要的地位，具体的创建步骤如下。

① 创建族样板文件，选择公制结构框架-梁和支撑，去掉原有样板的模型线和拉伸模型，如图6.1～图6.3所示。

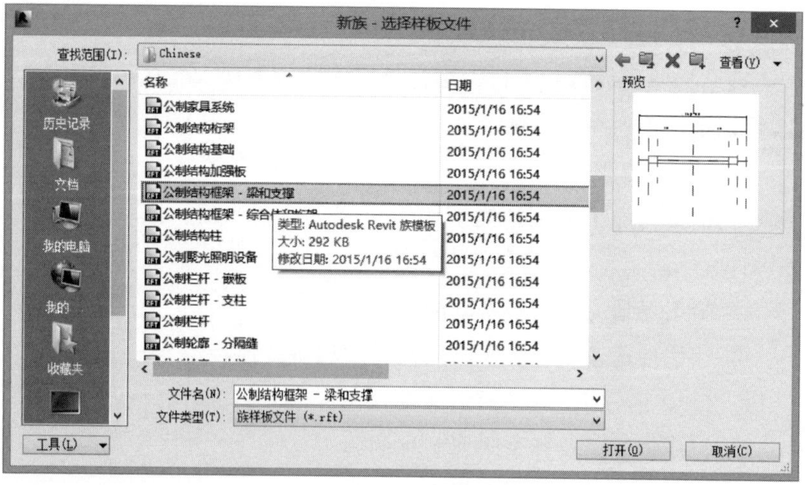

图6.1 族样板的选择

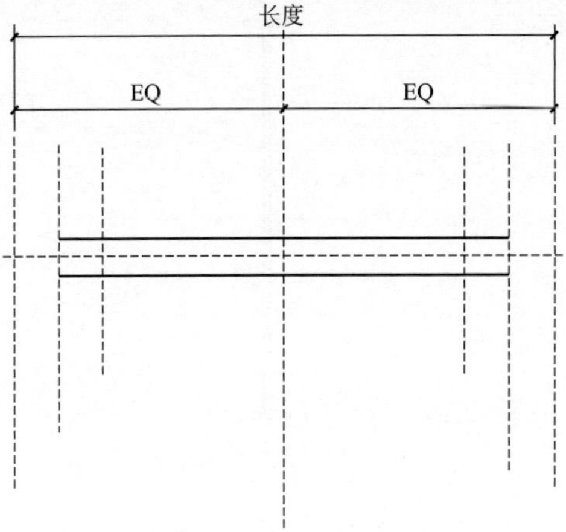

图 6.2　原有族样板

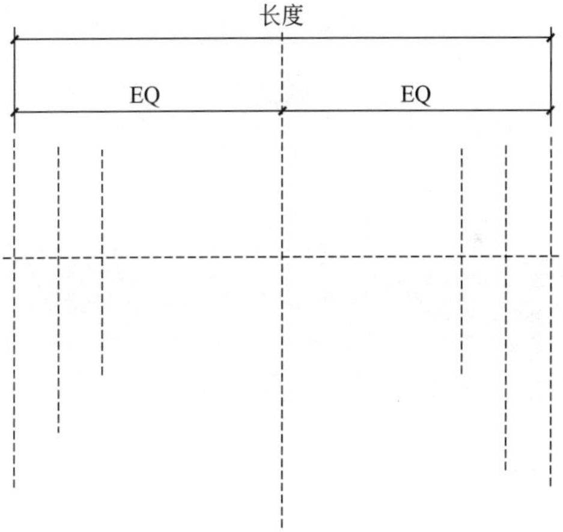

图 6.3　修改后族样板

② 绘制梁截面形状。选择拉伸命令，设置好拉伸起点和终点（如果为曲线桥，需选择放样命令），选择工作平面，根据梁的断面绘制梁的断面形状，如图 6.4 所示。

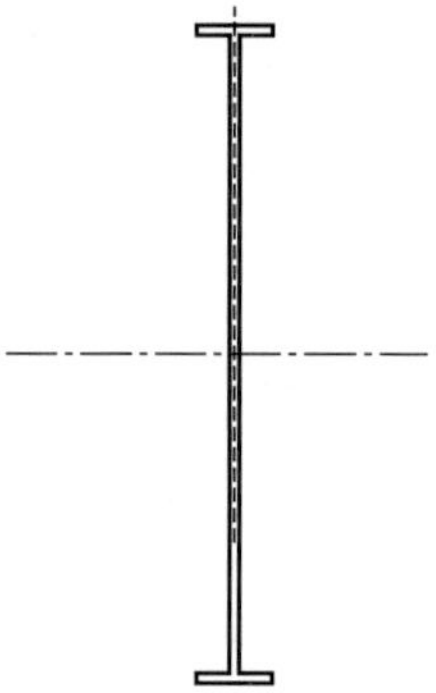

图 6.4　梁的断面轮廓

③ 为梁的截面轮廓添加截面参数。在属性面板里选择“族类型”按钮，选择“添加参数”进入参数属性添加面板，根据参数类型添加参数数据，如图 6.5 和图 6.6 所示。

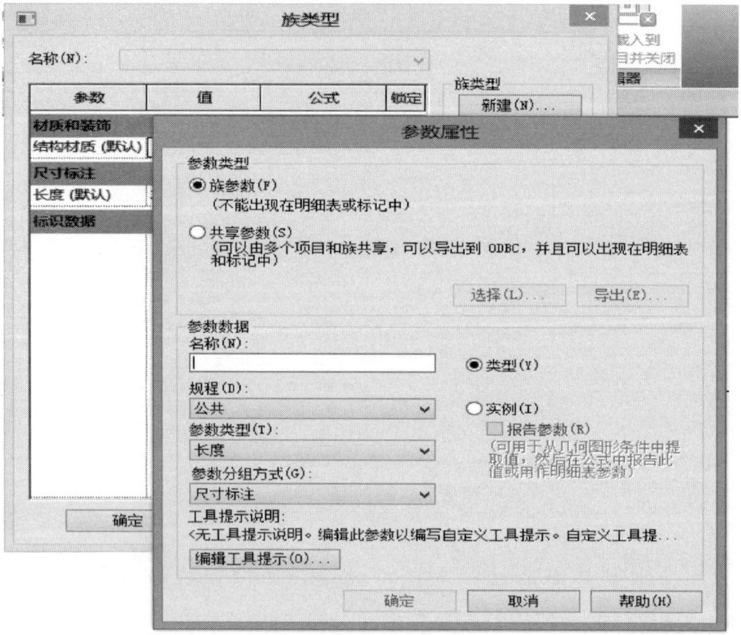

图 6.5　添加参数数据

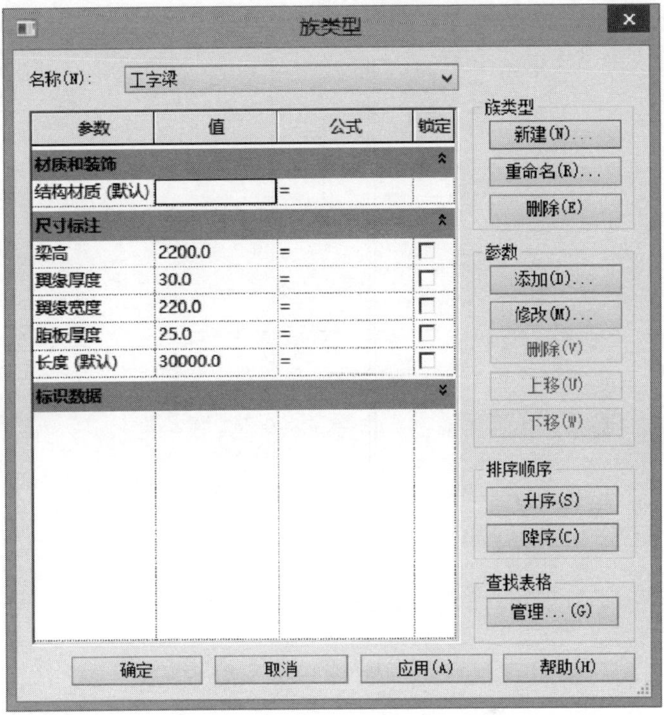

图 6.6　工字梁控制参数信息

在梁族类型中添加尺寸标注信息后，模型自动创建相应的标签，将尺寸标注与标签进行关联，最终形成控制梁截面轮廓的控制参数，如图 6.7 所示。

最终生成的工字梁模型，如图 6.8 所示。

根据项目设计的需要，可以改变梁的尺寸参数，梁模型也会因此做出相应的变化，这样就避免了因参数改变而需要重新建模的过程，提高了建模效率。调整翼缘宽度的尺寸标注后，模型变化如图 6.9 所示。

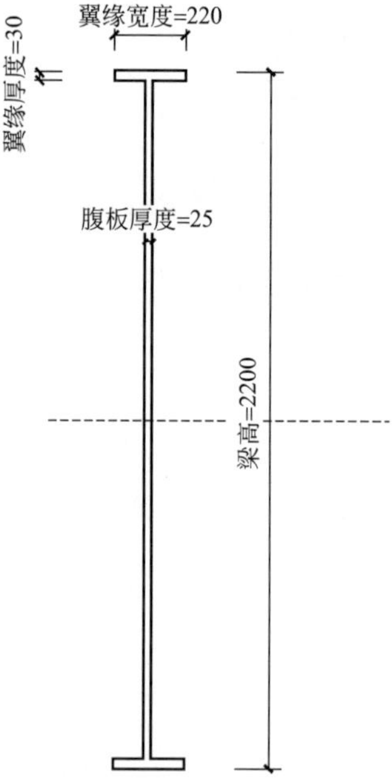

图 6.7　添加标签后的尺寸标注

图 6.8　工字梁模型

图 6.9　尺寸参数调整引起的工字梁改变

6.2.1.2　桥墩的创建

本小节主要就独柱式钢桥墩进行研究，独柱式桥墩一般由基础上的承台、柱式墩身和盖梁组成。

本书中的承台族的创建使用公制基础族样板来建立，此样板生成的族可以与接下来的公制结构柱族样板生成的墩身族保持位置上的约束，实现联动的功能。创建的承台族如图 6.10 和图 6.11 所示。

柱式墩身族的建立采用公制结构柱族样板，建立方法与梁的建立基本一致，唯一需要注意的是本节建立的桥墩属于装配式钢桥墩，需要通过“空心拉伸”在装配拼接处需预留螺栓孔，如图 6.12 所示。

最终建立的墩身族如图 6.13 和图 6.14 所示。

不同截面的墩身的创建是相同的，不同截面的墩身族如图 6.15、图 6.16 所示。

盖梁的创建与主梁大同小异，但是盖梁涉及装配式施工，这就要求我们不能整体创建，需要逐步创建。每个部分的创建过程均相同，本小节仅以其中一部分为例进行讲解。

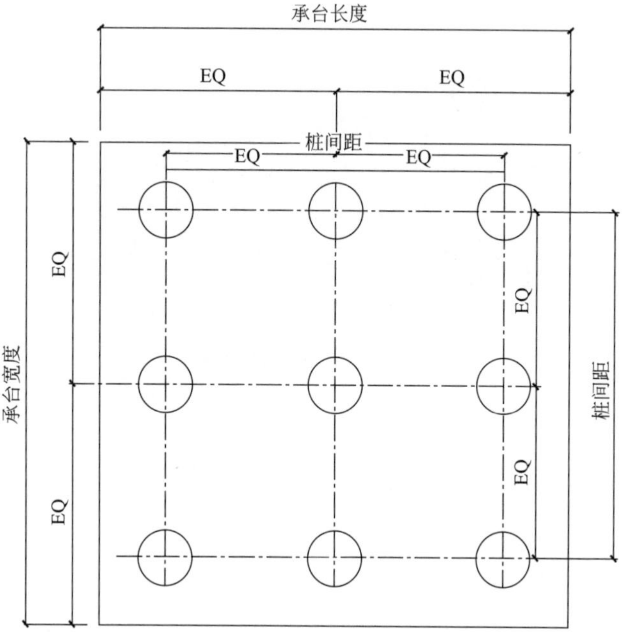

图 6.10　承台的控制参数

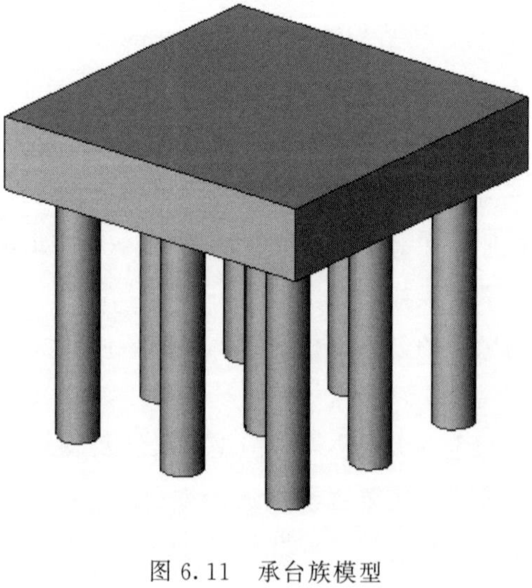

图 6.11　承台族模型

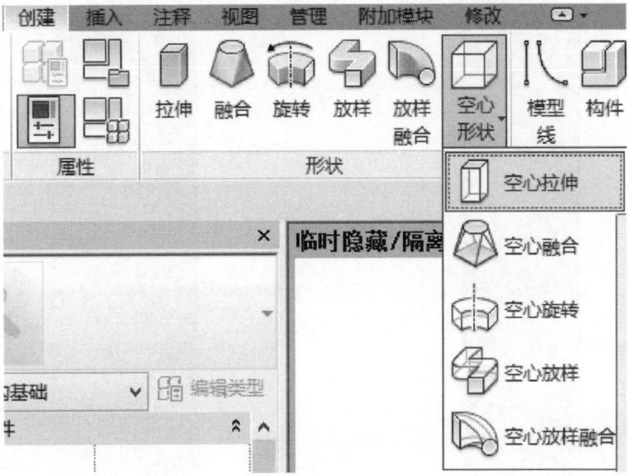

图 6.12　空心拉伸的选择

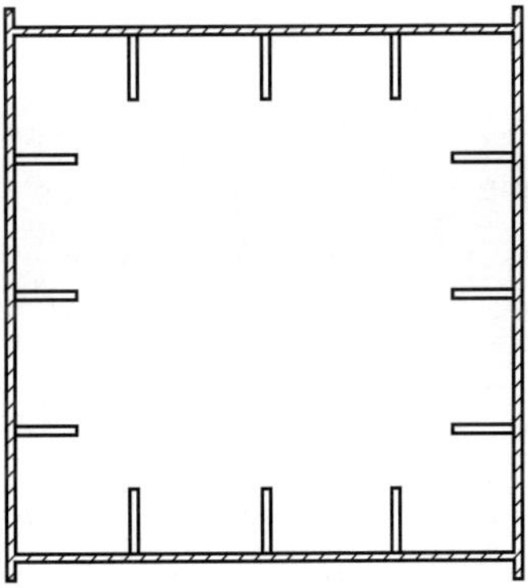

图 6.13　墩身截面图

图 6.14　圆形墩身截面图

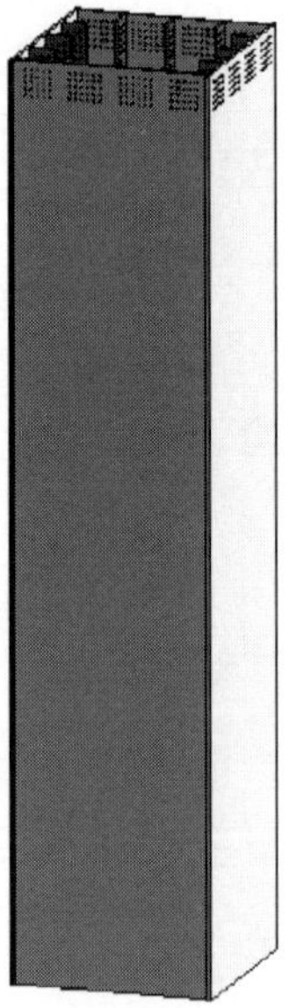

图 6.15　墩身族模型

图 6.16　圆形截面的墩身族模型

① 创建族样板文件。盖梁的主体部分依旧采用族样板公制结构框架-梁和支撑，去掉原有样板的模型线和拉伸模型。

② 绘制截面形状。采用“拉伸”操作命令进行创建。由于盖梁的钢板需要焊接，需有合适的焊脚尺寸。

③ 进行加劲肋、横隔板和螺栓孔的绘制。采用拉伸和空心拉伸即可创建。

④ 盖梁截面的参数化。盖梁的参数化与主梁相似，本小节不再赘述。最终创建的盖梁族如图 6.17 所示。

6.2.1.3　支座及桥面铺装的创建

支座和桥面铺装虽可以采用公制常规族进行创建，但在此主要介

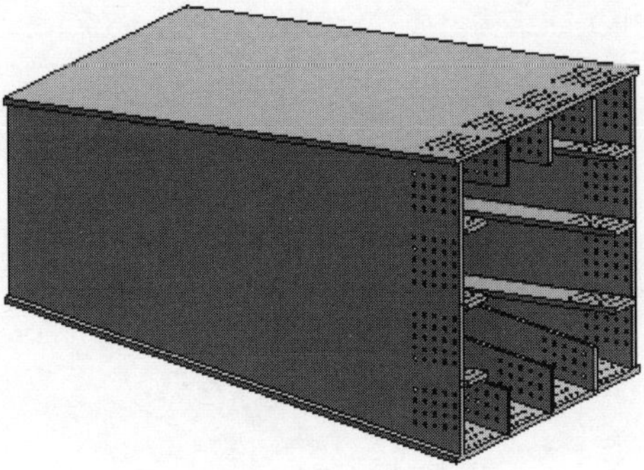

图 6.17　盖梁族

绍内建模型的创建方法。

当承台族、墩身族等均载入到项目中去后，开始在项目中创建内建模型，进行支座和桥面铺装以及主梁横纵联等其他细部构造的创建。主要操作步骤如下。

① 在“结构”选项卡中选择构件-内建模型，进入模型创建状态，如图 6.18 所示。

图 6.18　内建模型的选择

② 模型的建立。应用拉伸、放样等命令，进行模型的绘制，绘制完成后，在属性面板中关联结构材质。模型形状如图 6.19、图 6.20 所示。

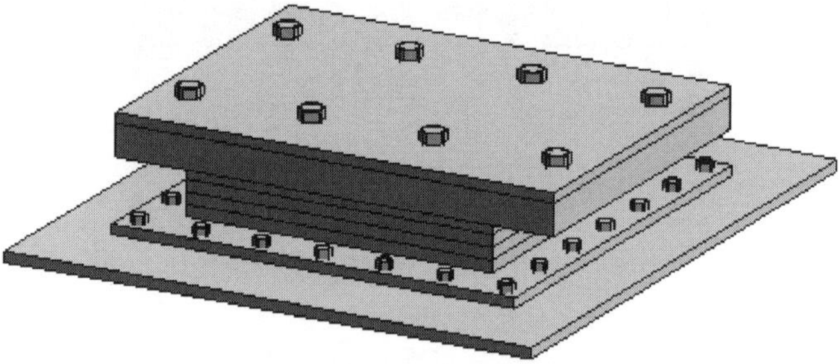

图 6.19　支座

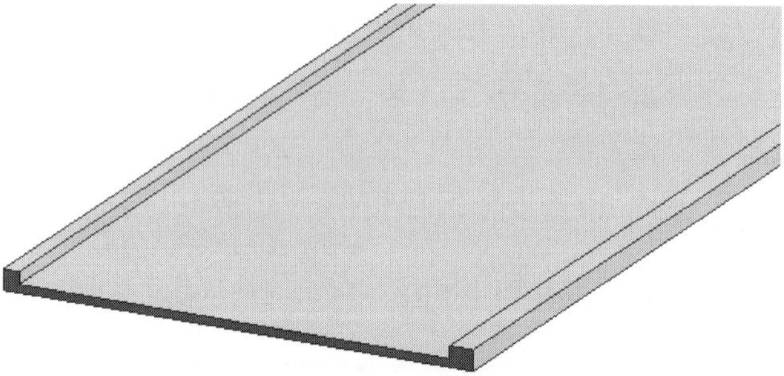

图 6.20　桥面铺装

6.2.1.4　项目的建立

各个族构件创建完成后，需对族构件进行加载应用，族与项目文件是相互独立而又互相关联的，只有把族构件加载到项目中，才能够实现具体功能。为建立工字型板梁高架桥模型，已建立充足的族构件，现只需在 Revit 中创建项目文件，并将族库中的族文档载入到项目文件中正确的标高下即可，如图 6.21 所示。

图 6.21　族的载入

梁、墩等族载入后，需进一步创建主梁螺栓连接所需的贴板、承台连接处的锚杆和混凝土保护层等，以上构件的创建均需通过“内建模型”选择合适的样板文件来进行。最终创建的模型如图 6.22、图 6.23 所示。

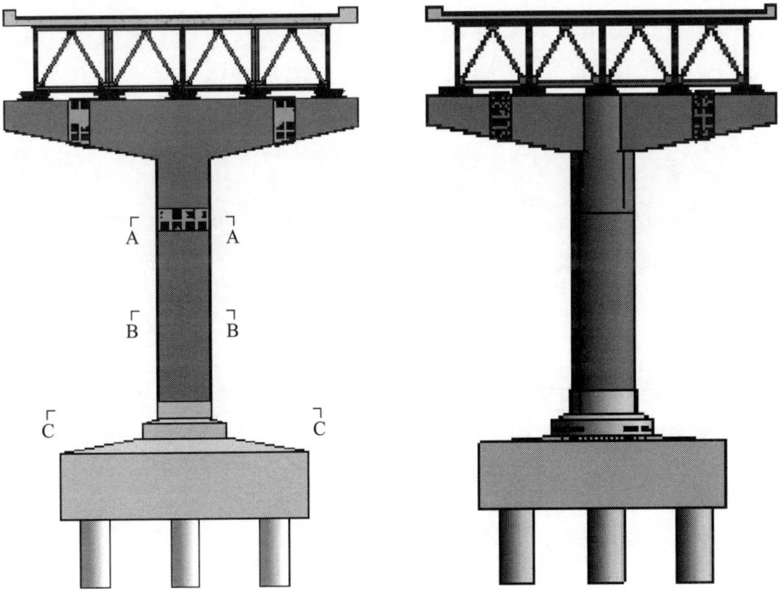

图 6.22　工字型板梁桥模型立面图

图 6.23　工字型板梁桥模型三维图

6.2.2 箱型钢梁高架桥模型的建立

本节介绍的箱型高架桥采用框架式钢桥墩和钢箱梁来创建，部分创建过程与工字型板梁桥的创建相同，将不再赘述。

6.2.2.1 箱梁族的创建

箱梁族的创建与工字梁族的创建流程是一致的，唯一的区别在于截面形式不同，故此处对具体创建流程不再做介绍，创建的模型如图 6.24、图 6.25 所示。

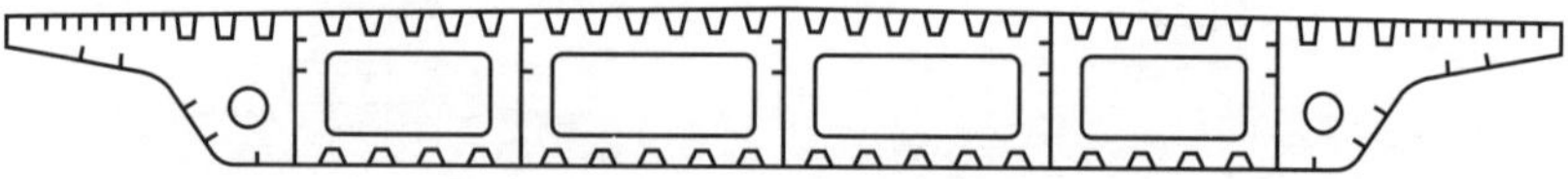

图 6.24　箱梁的截面形式

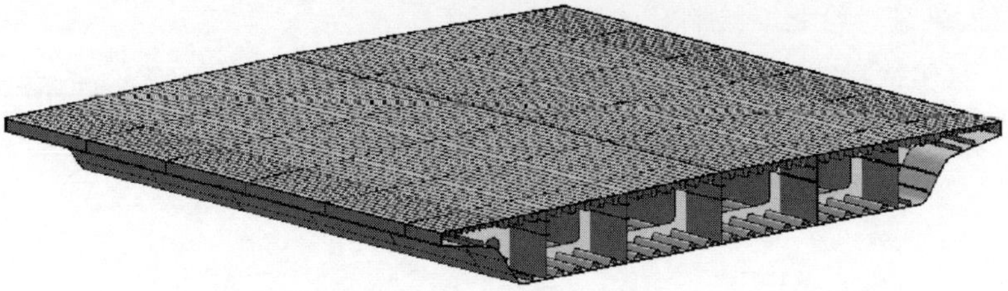

图 6.25　钢箱梁族模型

6.2.2.2　桥墩的创建

框架式桥墩一般由承台、墩身和盖梁组成，在 6.2.2.1 节中，承台族、墩身族和盖梁族已经创建完毕，这里只需载入族，做相应的参数变化即可。将墩身和承台载入后如图 6.26 所示。

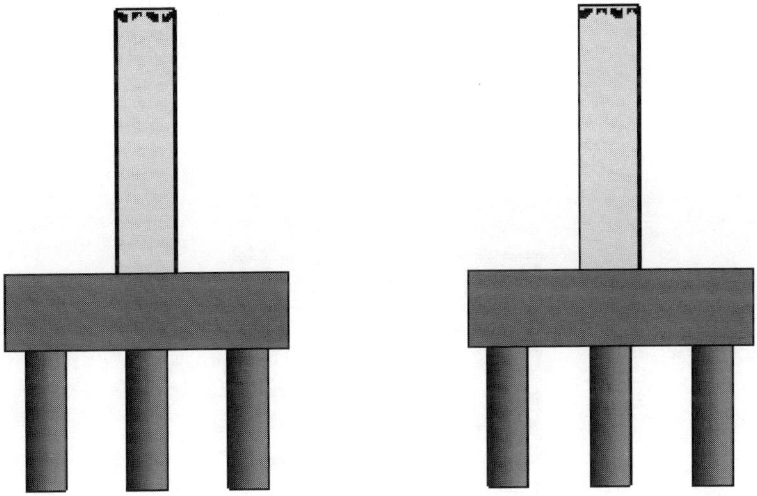

图 6.26　载入的墩身和承台

墩身和承台载入后，进行盖梁的载入和创建，变截面的盖梁族已经创建完成，直接载入即可。变截面盖梁载入完成后，需对剩余等截面盖梁进行绘制，绘制具体流程如下。

① 选择公制结构框架-梁族样板进行“拉伸”命令的绘制，添加参数控制，如图 6.27 所示。

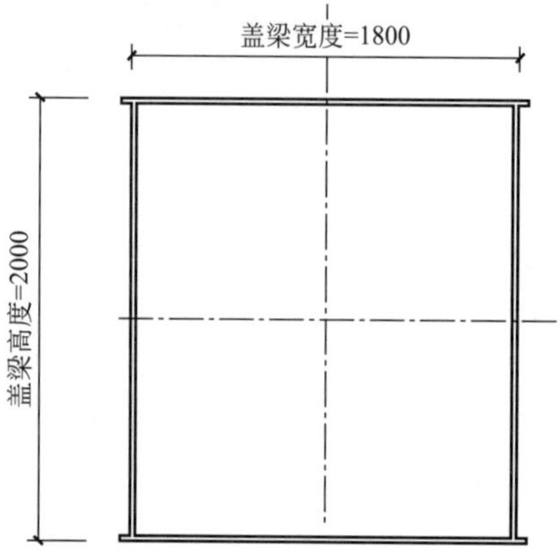

图 6.27　盖梁的绘制与参数化

② 加劲肋的绘制。使用“拉伸”命令，选择合适的工作平面进行绘制，如图 6.28 所示。

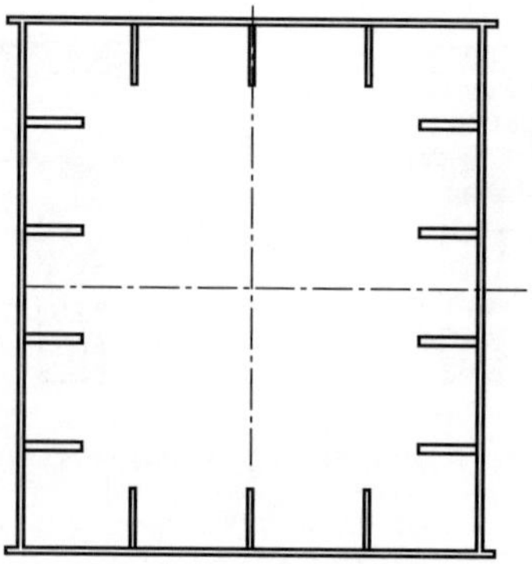

图 6.28　加劲肋的绘制

③ 添加横隔板和螺栓孔。将横隔板间隔 1.5m 设置一个，采用“阵列”命令进行安放。螺栓孔按照钢结构设计规范进行设计，以“空心拉伸”命令进行创建，如图 6.29、图 6.30 所示。

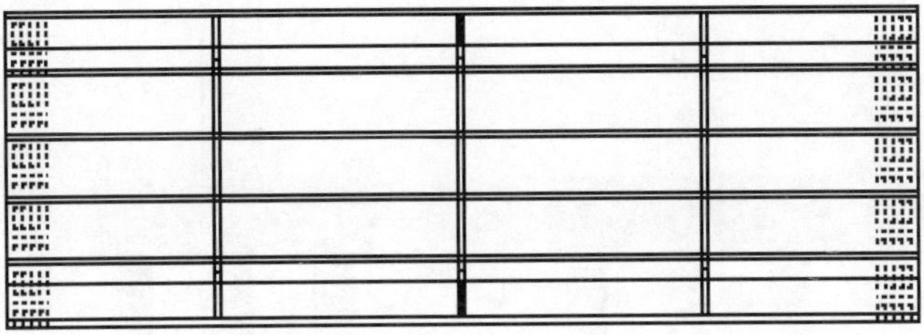

图 6.29　盖梁正视图

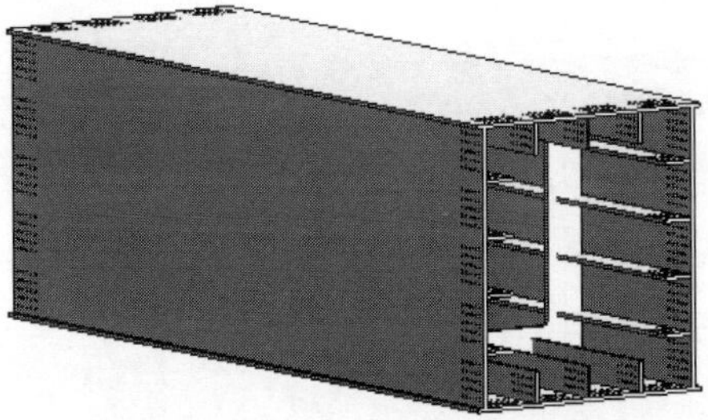

图 6.30　盖梁三维模型

最终桥墩模型如图 6.31、图 6.32 所示。

6.2.2.3　桥面铺装的创建

在工字型梁板桥桥面铺装的创建中主要介绍了内建模型的方法，本节主要对族样板的参数化控制进行简单的介绍。

在族类型中添加尺寸标注信息后，创建相应的标签，将尺寸标注与标签-桥面宽度进行关联，形成了控制桥面宽度的控制参数。根据

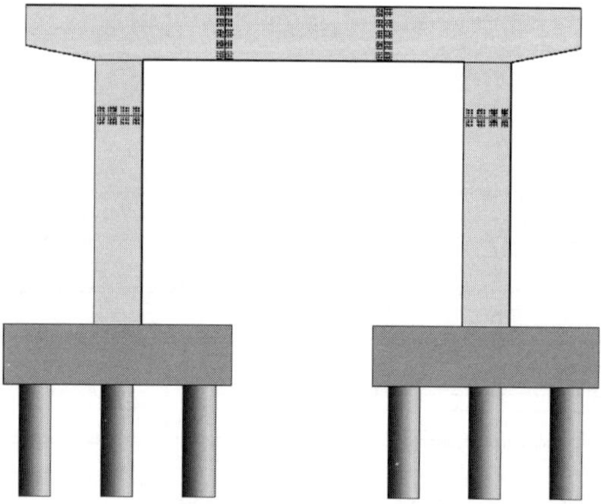

图 6.31 框架式桥墩正面图

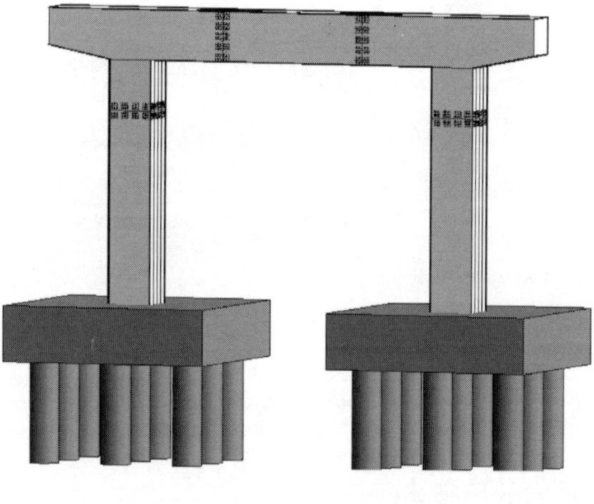

图 6.32 框架式桥墩三维图

项目设计的需要，我们可以改变桥面宽度的尺寸参数，模型也会因此做出相应的变化，这样就避免了因参数改变而需要重新建模的过程，如图 6.33、图 6.34 所示。

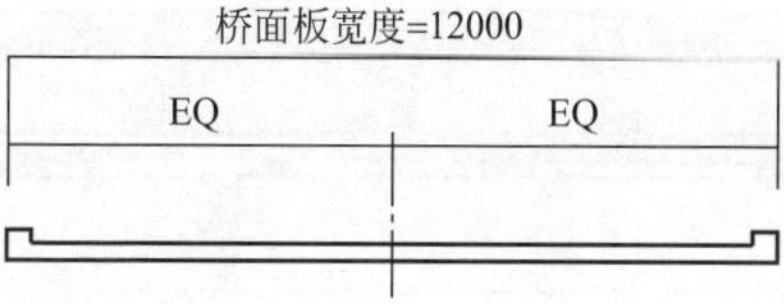

图 6.33 桥面的参数化

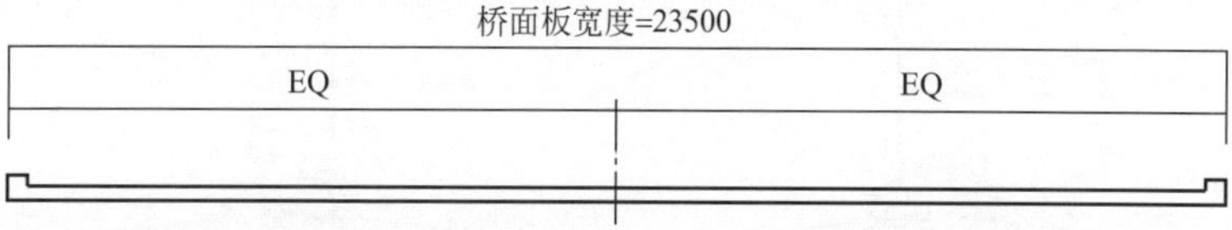

图 6.34 参数变化下的模型变化

6.2.2.4 项目的创建

各个族构件创建完成后，创建项目文件，将构件族载入到项目中去，再在项目文件中通过“内建模型”绘制螺栓贴板、承台上方的混凝土保护层。最终的箱型高架桥如图 6.35、图 6.36 所示。

6.2.3 人行钢桥的模型的建立

采用钢结构人行桥，解决了复杂的施工环境的问题，因为人行钢桥所有构件均在工厂预制，拉到现场吊装即可，工期短又环保。而选择 BIM 技术建立模型，能保证预制构件的精准，优化施工流程。

人行钢桥模型建立的大致流程如下。

① 创建项目文件，载入承台和桥墩，按照设计值修改关联的参数。

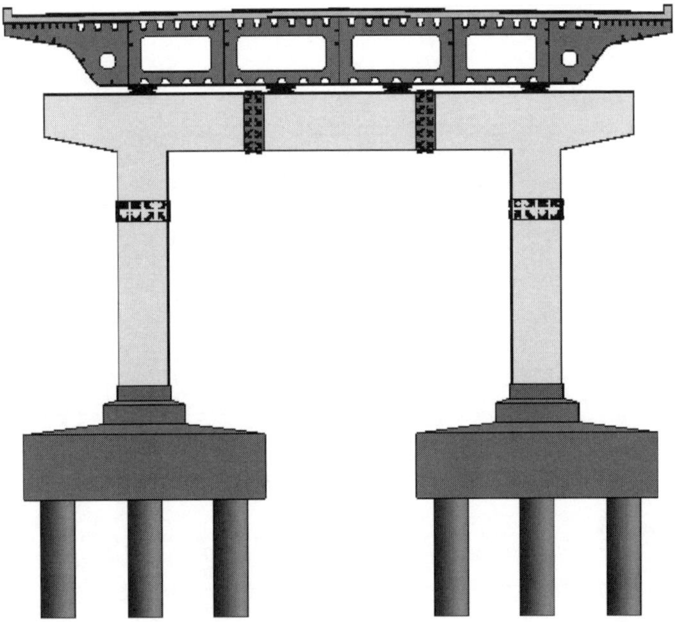

图 6.35 钢箱梁高架桥立面图

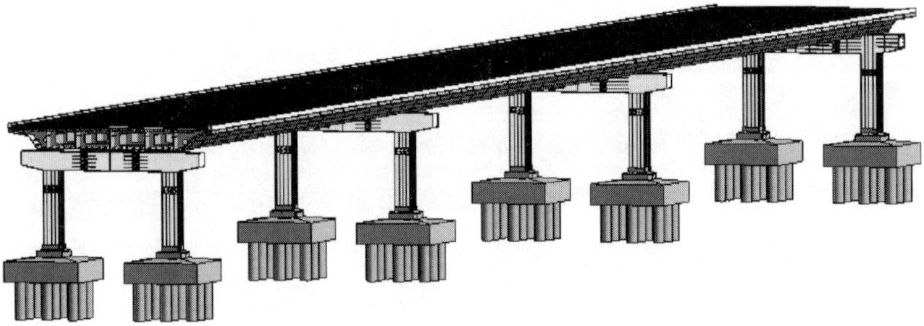

图 6.36 钢箱梁高架桥三维模型

② 绘制主桁架。创建公制结构桁架族样板，绘制主桁架形状，如图 6.37、图 6.38 所示。

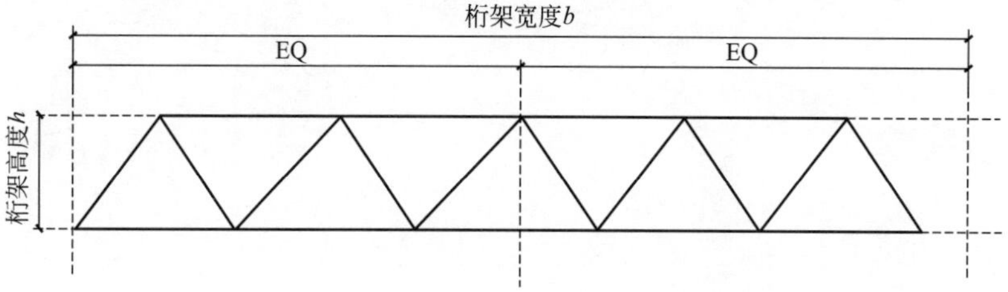

图 6.37　绘制桁架

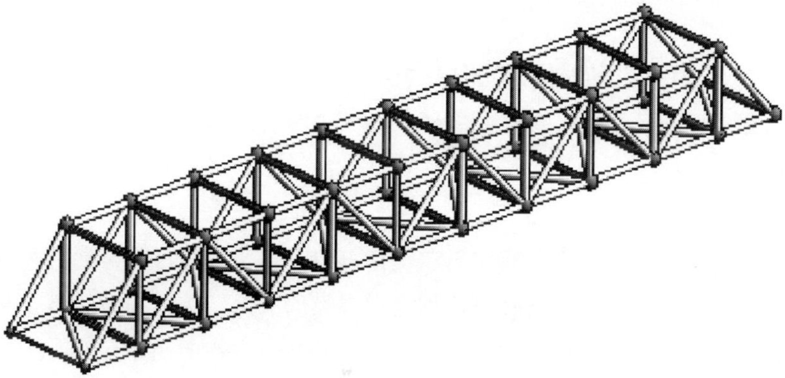

图 6.38　桁架三维图

③ 载入桥面板，同样按照设计值修改关联的参数。

④ 绘制梯道和栏杆。

最终模型如图 6.39 所示。

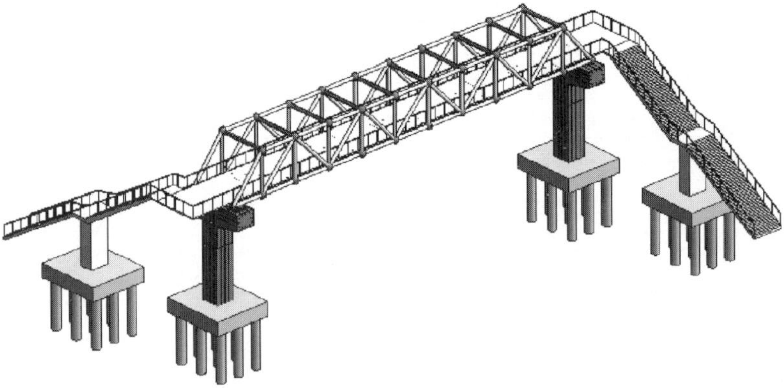

图 6.39 人行钢桥模型

6.3 装配式桥墩的虚拟建造

虽然装配式建筑正在大规模展开，但是想要确保其施工精度并非易事。当前与装配式建筑有关的各种构件都无法进行二次处理，所以在操作过程中一旦出现问题只能选择重建，但多数构件都是通过采用预制的方法而得，所以必须达到精准建模的效果。与此同时，基于桥梁工程施工环境无重复的特点，施工的可行性方案的制定存在一定困难。在实际施工过程中，质量、安全问题频发，进而导致工期拖延、成本提升等相关问题。故基于 BIM 技术，可以创建出工程模型，由此做出相应的深化设计，通过对施工过程的反复模拟可以良好地控制实际施工进度，带来的精度也得到了保障。

BIM 技术良好的运行需要得到相关 BIM 软件的支持，诸如 Revit 等都是行业内较为流行的软件，其可以围绕工程施工展开模拟处理，与此同时，Revit 软件具有高度的开放性，可以实现与其他软件的连接，从而达到数据共享的效果，例如 Fuzor 软件，不仅能实现施工模拟，也能够协调冲突碰撞现象。将上述两大软件结合使用后，能够实现虚拟模型构件、进度分析以及碰撞检测等方面的功能，进而为现场施工提供有力证据。

关于虚拟施工，是建立在虚拟环境的基础上，引入了 5D 及 *N*D 技术，能够对工程方案进行处理，展开可视化模拟操作，围绕技术可行性等多个方面展开分析，将其作为后续施工的基本指导。

6.3.1 施工方案的设计与优化

施工方案的合理性，对工程的施工效率、质量和工期起着至关重要的作用。施工方法、机械设备一旦后期发现无法满足施工要求，需要进行更换，将造成工程进度延误、成本增加。故在项目方案验证阶段，需利用 BIM 相关软件对施工方案的可行性进行验证，并根据施工模拟选择合适的机械设备。基于 BIM 的施工方案设计主要将施工过程通过软件平台进行动态模拟，分析复杂施工工序是否合理，并进行方案优化。将虚拟施工技术应用于建筑工程实践中，主要按照以下步骤进行。

① 利用 Revit 建模软件平台建立三维信息模型。

② 基于 Fuzor 施工分析软件，根据初步方案制定的工序、方法及机械进行施工模拟。

③ 在模拟过程中如有施工工序不当、施工过程中发生碰撞、施工方法不可行等情况，软件会有相关提示，可直观发现桥梁模型在何种情况下发生问题。

④ 技术人员审核模拟出现的问题，并对问题进行方案调整，根据修改方案在 Fuzor 软件中修改相应的施工工艺及相关参数后再进行模拟，平台可根据最终模拟结果的数据生成可视化施工方案。

⑤ 最后进行多方案可视化对比，直至确定高效可行的最优化施工方案，交底给施工人员。通过基于 BIM 的虚拟施工技术实现了对施工组织和方案进行确定与优化，有效分析复杂工艺的施工工序

是否合理的问题，实现合理调配材料、设备、人员等资源，优化施工流程。

此外，在施工模拟过程中机械设备的参数控制是关键，通过Fuzor动态模拟，直观可视化的模拟机械设备工作范围，以及施工危险区域，同时对机械设备的尺寸规格进行直观选择。通过施工模拟，不仅可以确定机械设备的规格，还可以验证机械设备工作、提升、旋转等动作空间位置是否合理，设备行进路线是否会与附属施工设施发生碰撞等问题。

6.3.2 施工过程模拟实现

要想实现桥梁工程中的施工模拟，需要通过专业的建筑三维设计软件，才能实现全面、准确、具有较强人机交互能力的建筑施工过程模拟。本节采用Revit和Fuzor相结合的方式来实现虚拟施工技术应用实践。

（1）背景案例

提前假定该建筑项目施工场地宽阔，空中无障碍物，水电线等都满足施工要求，地理位置交通便利，便于从质量、工期、安全、成本等全方面考虑，只需要对其施工具体过程进行三维模拟。

（2）模型结构

案例1是采用装配式的独柱式钢结构桥墩，施工计划从2019年9月7日起至2019年11月15日结束。三维模型图如图6.40所示。

案例2是采用装配式施工的框架式钢结构桥墩，施工计划从2019年9月7日起至2019年11月17日结束。三维模型如图6.41所示。

（3）具体实现步骤

首先，用三维建模软件Revit创建一个BIM模型，用专业性分析软件对该模型进行综合性能评估，然后建立相应的三维施工模型，在对该模型进行施工组织设计，构建合理的施工工序和构件运动关系，进而编制详细的施工进度计划，制定出施工方案，如

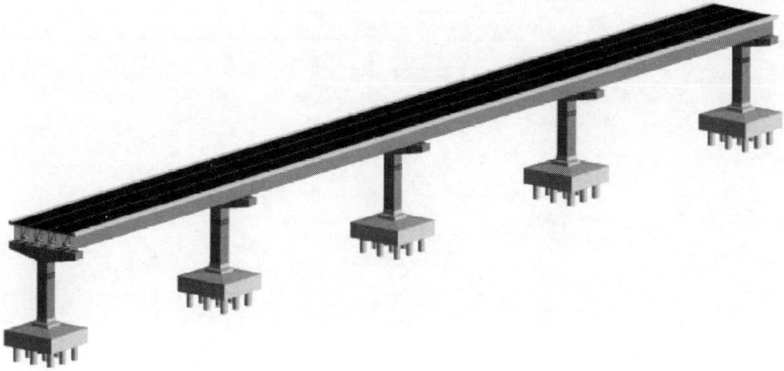

图 6.40 案例 1 模型图

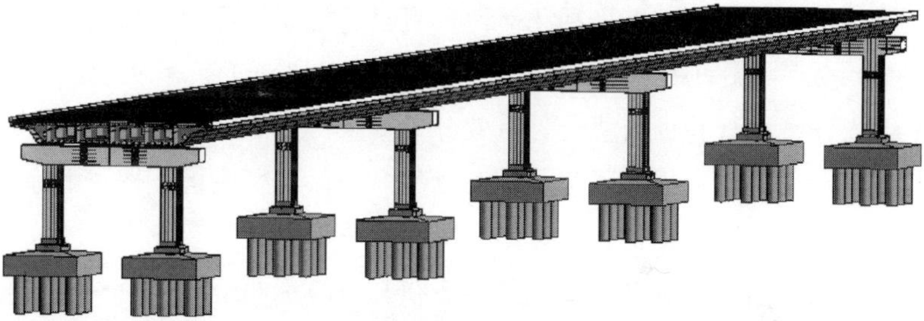

图 6.41 案例 2 模型图

图 6.42 所示。

按照已经制定的施工进度计划，再结合 Fuzor 三维模拟，进行虚拟施工模拟及动画展示。通过施工模拟和动画展示，可以提前发现并避免在实际施工中可能遇到的各种问题，以便指导施工和制定最佳施工方案，在模拟过程中，如若有施工工序不当、施工过程中发生碰撞、施工方法不可行等施工冲突，软件会发出提醒，就可直观发现桥梁模型在何种情况下发生了问题，以便指导施工和制定最佳施工方案，从整体上提高建筑施工效率，确保建筑质量水平，消除安全隐

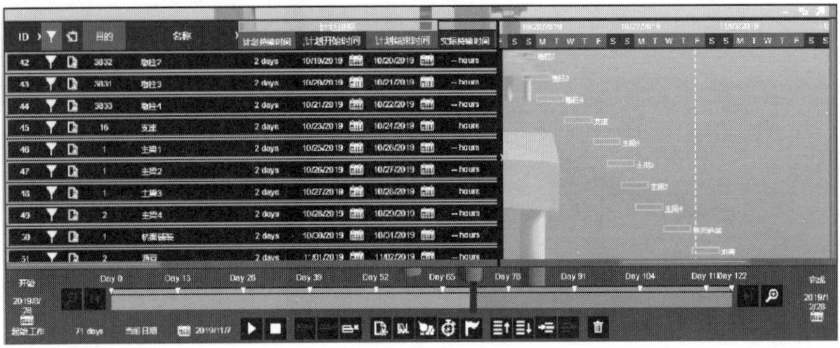

图 6.42　进度计划表

患，并有助于降低施工成本与时间耗费。

最后可进行多方案可视化对比，直至确定高效可行的最优化施工方案，交底给施工人员。通过基于 BIM 的虚拟施工技术实现了对施工组织方案进行验证与优化，有效分析复杂工艺的施工工序是否合理的问题，从整体上提高了建筑施工效率，确保桥梁质量水平，消除安全隐患，并有助于降低施工成本与时间耗费。

碰撞检测功能其基本任务是确定在某一时刻两个或多个模型之间是否发生接触或者穿透，若存在碰撞干涉，还需确定具体碰撞部位，以便后续修改。通过 Fuzor 碰撞检测功能，自动生成碰撞检测报告，可通过碰撞检测快速进行原设计图纸复核。碰撞检测计算时间、数量及碰撞检测示意图如图 6.43、图 6.44 所示。

6.3.3　施工过程模拟成果

依据 6.3.2 节的流程描述，对两个案例进行了虚拟施工模拟，在这个过程中，主要关注了施工工序和施工流程的问题，最终基于项目人员的建议进行了多次模拟，选择最优施工方案。案例 1 中的独柱式钢结构桥墩，基础处的施工方法选择的是螺杆连接，首先在承台中预留螺杆孔，

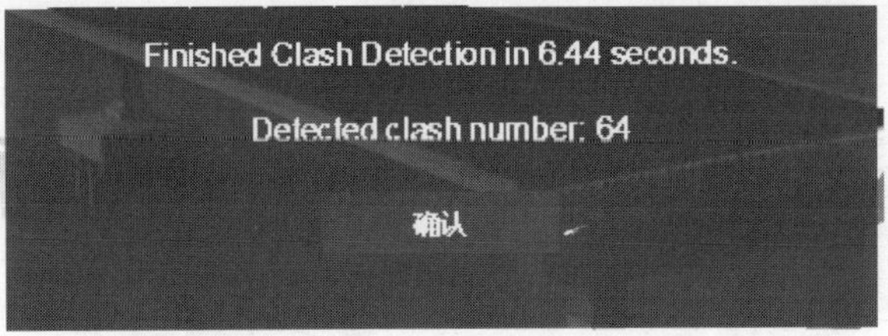

图 6.43　碰撞检测计算时间、数量

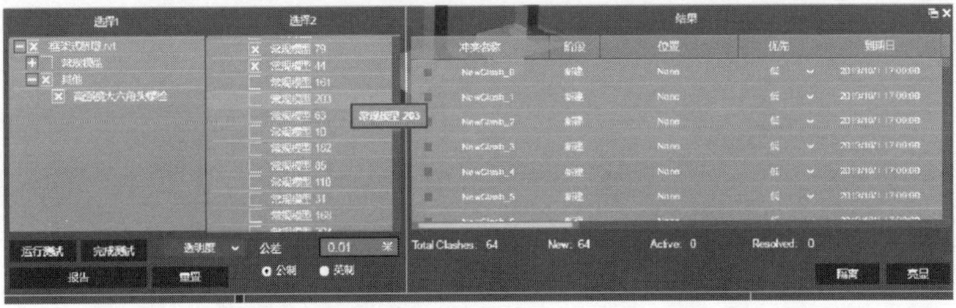

图 6.44　碰撞检测示意图

将加强板和螺杆预埋在承台中，将钢结构墩身与带有螺栓孔的钢板焊接在一起后，与螺杆连接，最后浇筑混凝土保护层，完成基础处的施工。墩身及盖梁均采用装配式施工，连接处采用螺栓连接，避免了焊缝质量不达标的问题。三维施工过程模拟结果如图 6.45 所示。

案例 2 的施工过程与案例 1 相似，如图 6.46 所示。

针对以上两个案例，BIM 主要用于施工进度模拟，基于上述建立的 BIM 模型和项目进度计划信息，对施工过程进行了详细模拟，表明了 BIM 在支持桥梁工程设计与施工优化方面存在很大的潜力。本研究期望可以为提高大型、复杂桥梁工程设计与施工的效率和利益提供参考，同时为 BIM 在桥梁工程领域的推广应用提供帮助。虚拟施工技术将从根本上改变现有的传统施工模式，并逐步建立起虚拟施工理论和技术体系。相信在不远的将来我们必将开创一个崭新的数字化施工新时代。

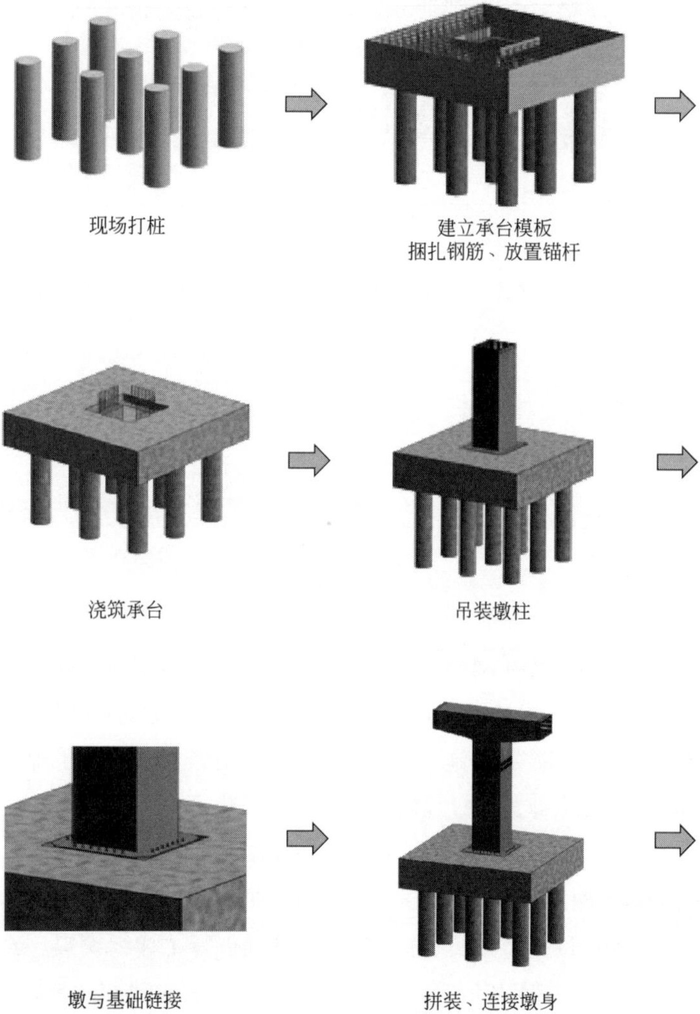
现场打桩
建立承台模板
捆扎钢筋、放置锚杆
浇筑承台
吊装墩柱
墩与基础链接
拼装、连接墩身

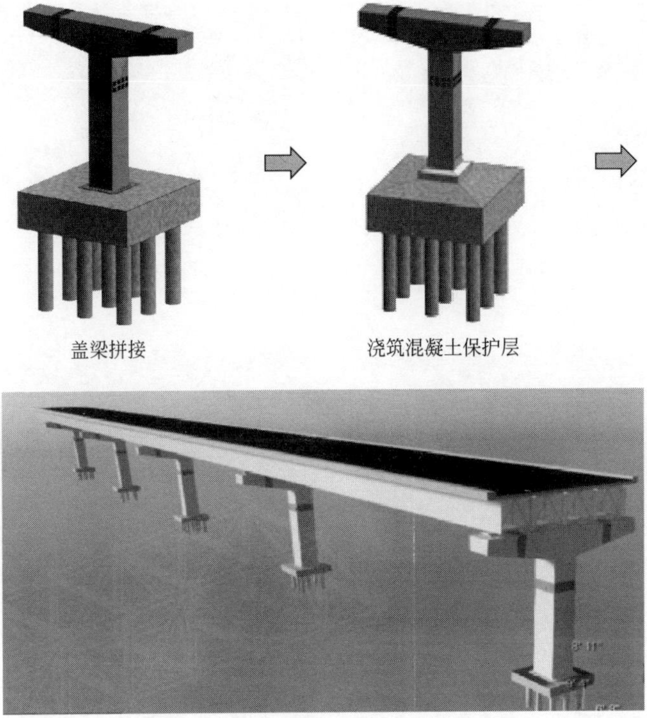

图 6.45　案例 1 施工过程模拟

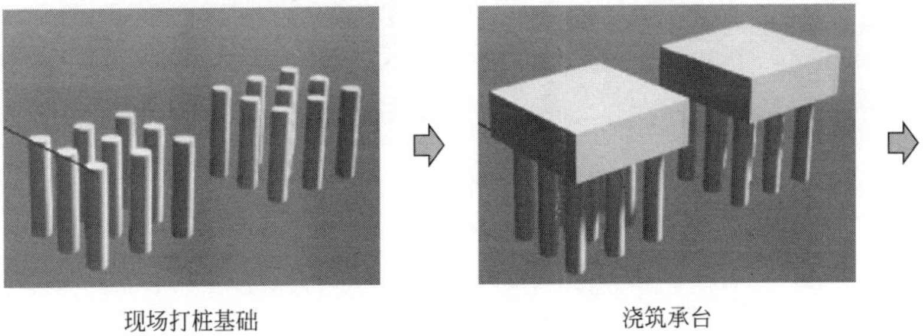

图 6.46

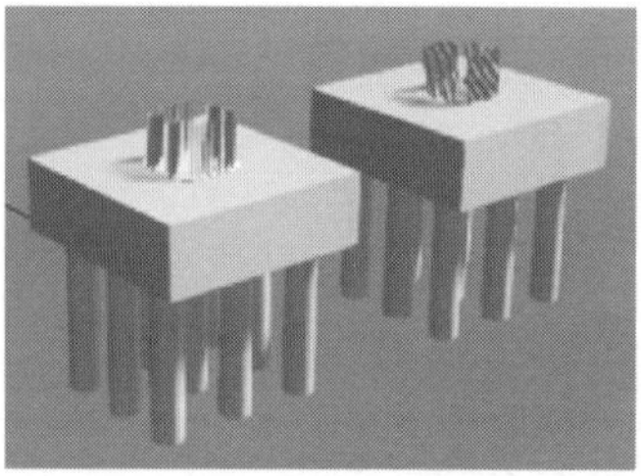

预留螺杆

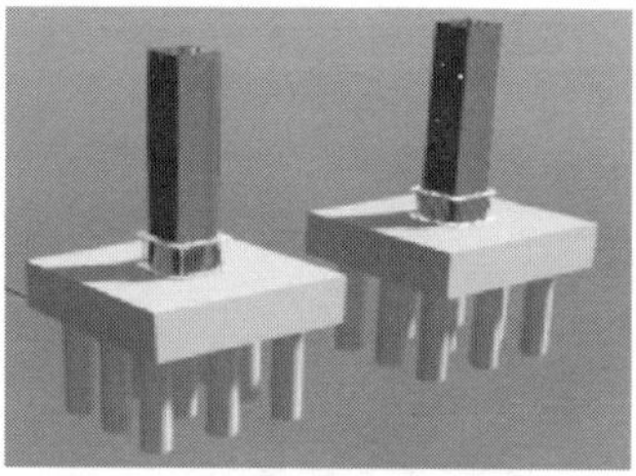

吊装安装墩身

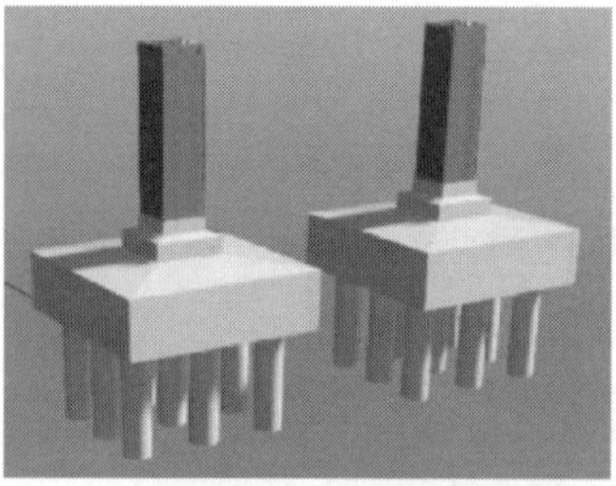

浇筑混凝土保护层

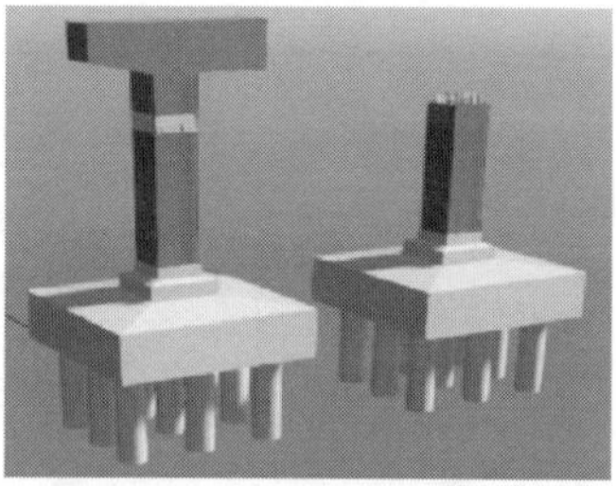

拼装墩身

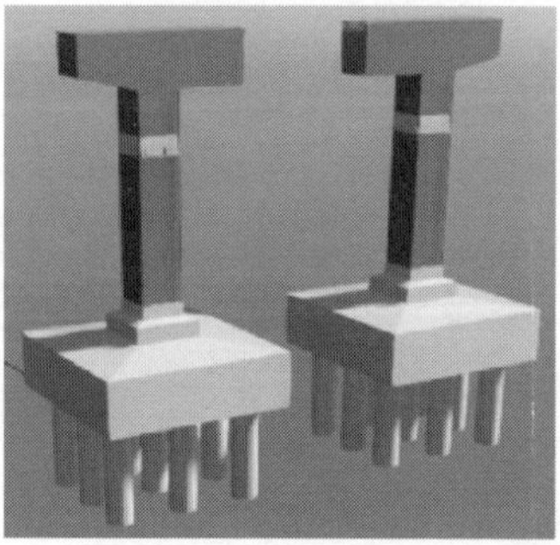

螺栓连接

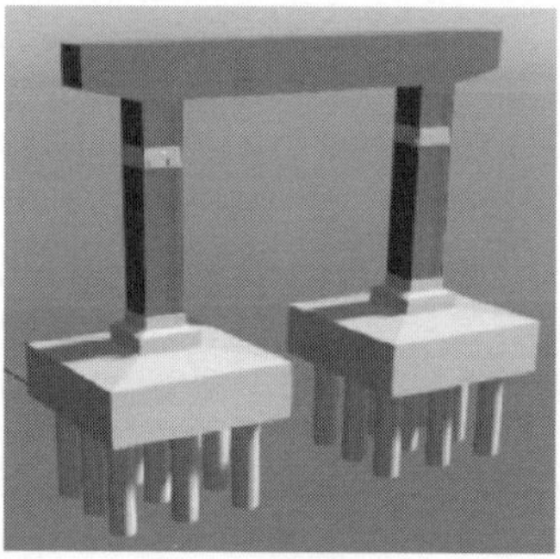

拼接盖梁

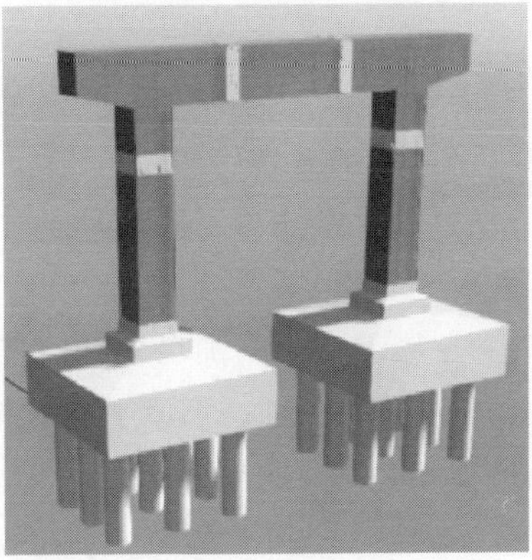

螺栓连接盖梁

主梁吊装

节段施工完成

图 6.46　案例 2 施工过程模拟

6.4 本章小结

① 通过对三种形式高架桥进行模型创建，能更深入地了解和掌握 BIM 技术在桥梁工程中的重要性与便捷性，同时也证明了将 BIM 技术应用到桥梁施工阶段是未来发展的必然趋势。

② 在建模过程中，在族类型中添加尺寸标注信息后，创建相应的标签，将尺寸标注与标签进行关联，形成了控制参数。根据项目设计的需要，我们可以改变相关对象的尺寸参数，模型也会因此做出相应的变化，这样就避免了因参数改变而需要重新建模的过程。

③ 基于桥梁工程施工环境无重复的特点，施工的可行性方案的制定存在一定困难，所以基于 BIM 技术，可以创建出工程模型，由此做出相应的深化设计，通过对施工过程的反复模拟可以良好地控制实际施工进度，且精度也得到了保障。

④ 在施工模拟过程中机械设备的参数控制是关键，通过 Fuzor 动态模拟，直观可视化的模拟机械设备工作范围，以及施工危险区域，同时对机械设备的尺寸规格进行直观选择。

⑤ 通过施工模拟和动画展示，可以对施工流程与进度进行动态的观察，可以提前发现并避免在实际施工中可能遇到的各种问题，以便指导施工和制定最佳施工方案。

⑥ 最后进行的多方案可视化对比，直至确定高效可行的最优化施工方案，交底给施工人员。通过基于 BIM 的虚拟施工技术解决了对施工组织方案进行验证与优化，有效分析复杂工艺的施工工序是否合理的问题，从整体上提高了建筑施工效率，确保桥梁质量水平，消除安全隐患，并有助于降低施工成本与时间耗费。

⑦ 本研究期望可以为提高大型、复杂桥梁工程设计与施工的效率和利益提供参考，同时为 BIM 在桥梁工程领域的推广应用提供帮助。虚拟施工技术将从根本上改变现有的传统施工模式，并逐步建立起虚拟施工理论和技术体系。

部分参考文献

[1] 土木学会鋼構造委員会，鋼構造物の耐震検討小委員会. 橋梁システムの動的解析と耐震性 [J]. 2000. 4：255-278.

[2] 聂建国，王宇航，樊健生. 钢管混凝土柱轴压力-弯矩-扭矩空间复合受力拟静力试验研究 [J]. 建筑结构学报，2012，33 (09)：1-10.

[3] 聂建国，王宇航，樊健生. 钢管混凝土柱在纯扭和压扭荷载下的抗震性能研究 [J]. 土木工程学报，2014，47 (01)：47-58.

[4] 王宇航. 曲线梁桥钢管混凝土桥墩的扭转效应研究 [D]. 北京：清华大学，2013.

[5] 叶爱君. 桥梁抗震 [M]. 北京：人民交通出版社，2011.

[6] 阪神・淡路大震災調査報告編集委員会. 阪神・淡路大震災調査報告・土木構造物の被害・橋梁編 [M]. 東京：丸善出版社，1996.

[7] 朱传镇. 阪神地震对大城市防震减灾工作的启示 [J]. 地震地磁观测与研究，1996，17 (01)：15-19.

[8] 崔鸿超. 日本兵库县南部地震震害综述 [J]. 建筑结构学报，1996，17 (01)：2-13.

[9] 王亚勇. 概论汶川地震后我国建筑抗震设计标准的修订 [J]. 土木工程学报，2009，42 (05)：1-12.

[10] 王亚勇. 汶川地震建筑震害启示——三水准设防和抗震设计基本要求 [J]. 建筑结构学报，2008，29 (04)：53-58.

[11] 中华人民共和国交通运输部. 汶川地震公路震害图集 [M]. 北京：人民交通出版社，2009.

[12] Usami T, Ge H B, Saizuka K. Behavior of Partially Concrete-filled Steel Bridge Piers under Cyclic and Dynamic Loading [C]. J. Construct. Steel Res, 1997, 41 (2/3): 121-136.

[13] 井浦雅司，折野明宏，石澤俊希. コンクリートを部分充填した円形鋼製橋脚の弾塑性挙動に関する研究 [J]. 土木学会論文集，2002，No. 696/1-58：285-298.

[14] Eurocode. Design of Composite Steel and Concrete Structures [J]. British Standards Institution, London, 1994: 45-51.

[15] Usami T, Ge H B. Ductility of Concrete-filled Steel Box Colunms under Cyclic Loading [J]. Journal of Structural Engineering, ACSE, 1994, 120 (07): 2021-2040.

[16] Ge H B, Usami T. Cyclic Tests of Concrete-filled Steel Box Column [J]. J. Structural Engineering, ASCE, 1996, 122: 1169-1177.

[17] Mai Amano, Akira Kasai, et al. Experimental and Analytical Study on Elasto-plastic Behavior of Partially Concrete-filled Steel Bridge Piers [J]. J. Structural Engineering, JSCE, 1998. 3, Vol. 44A: 179-188.

[18] T Sakimoto, Koshiro Takata, et al. Hysteretic Behavior of Inverted L-shaped Steel Bridge Piers Filled with Concrete [J]. Structural Engineering and Earthquake Engineering, JSCE, 2003, 738 (64): 55-66.

[19] Shengbin Gao. Tsutomu Usami. Eccentrically Loaded Steel Columns under Cyclic In-plane Loading [J]. Journal of Structural Engineering 2000, 126: 964-973.

[20] Gao S B, Usami T, Ge H. B. Eccentrically Loaded Steel Columns under Cyclic Out-of-plane Loading [J]. Journal of Structural Engineering, ASCE, 2000, 126 (08): 974-981.

[21] Hanbin G E, Syunsuke WATANABE, Tsutomu USAMI, et al.. Analytical Study on Strength and Deformation Capacity of Inverted L-shaped Steel Bridge Piers Subjected to Out-of-plane Cyclic Loading [J]. Society of Civil Engineering Proceedings. 2003. 7, No. 738/1-64, 207-218.

[22] Tetsuhiko AOKI, Shinichi SUZUKI, Syunsuke WATANABE, et al. Experimental Study on Strength and Deformation Capacity of Inverted L-shaped Steel Bridge Piers Subjected to Out-of-plane Cyclic Loading [J]. Society of Civil Engineering Proceedings. 2003. 1, No. 724/1-62, 213-223.

[23] 青木徹彦，鈴木真一，渡辺俊輔，等. 面外繰り返し水平力を受ける逆L形鋼製箱形断面橋脚の強度と変形能に関する実験的研究 [J]. 土木学会論文集. 2003, No. 724/1-62, 213-223.

[24] T Hirota, T Sakimoto, et al.. Experimental Study on Hysteretic Behavior of Inverted L-shaped Steel Bridge Piers Filled with Concrete [J]. Fouth International Conference on Thin-walled Structures (ICTWS2004). 2004. 6: 373-380.

[25] M Morishita, T Aoki, M Suzuki. Experimental Study on Seismic Resistance Performance of Concrete-filled Steel Tubular Columns [J]. J. Structural Engineering, JSCE, 2000, Vo l46A: 73-83.

[26] Masashi Iura, Akihiro Orino, Toshiki Ishizawa. Elasto-plastic Behaviour of Concrete-filled Steel Tubular Columns [J]. Structural Engineering and Earthquake Engineering, JSCE, 2002, 696 (58): 285-298.

[27] Julia M, Michel B. Cyclic Testing of Concrete-filled Circular Steel Bridge Piers Having Encased Fixed-based Detail [J]. Journal of Bridge Engineering, ASCE, 2004, 9 (01): 14-23.

[28] Michel B, Julia M. Seismic Design of Concrete-filled Circular Steel Bridge Piers

[J]. Journal of Bridge Engineering, ASCE, 2004, 9(01): 24-34.

[29] Goto Y, M ASCE and Kunsheng Jiang. Stability and Ductility of Thin-walled Circular Steel Columns under Cyclic Bidirectional Loading [J]. Journal of Structural Engineering, ASCE, 2006, 132: 1621-1631.

[30] M Obata, Goto Y, M. ASCE. Development of Multidirectional Structural Testing System Applicable to Pseudodynamic Test [J]. Journal of Structural Engineering, ASCE, 2007, 133: 638-645.

[31] Goto Y, M ASCE, Masayuki M. Ultimate State of Thin-walled Circular Steel Columns under Bidirectional Seismic Accelerations [J]. Journal of Structural Engineering, ASCE, 2009, 135: 1481-1490.

[32] Goto Y, M ASCE, et al. Nonlinear Finite-element Analysis for Hysteretic Behavior of Thin-walled Circular Steel Columns with In-filled Concrete [J]. Journal of Structural Engineering, ASCE, 2010, 136(11): 1413 - 1422.

[33] Goto Y, Mizuno K, Prosenjit Kumar, G. Nonlinear Finite Element Analysis for Cyclic Behavior of Thin-walled Stiffened Rectangular Steel Columns with In-filled Concrete [J]. Journal of Structural Engineering, ASCE, 2012, 138: 571-584.

[34] Goto Y, M ASCE, T Ebisaws. Local Buckling Restraining Behavior of Thin-walled Circular CFT Columns under Seismic Loads [J]. Journal of Structural Engineering, ASCE, 2014, 140(5): 1-14.

[35] Yoshiyuki Shimaguchi, Moriaki Suzuki. Seismic performance evaluation of circular steel bridge piers which have damage and concrete filled repair [J]. Journal of structural engineering, JSCE, 2015, 61A, 292-301.

[36] Dongwook Kim, Chiho Jeon, Changsu Shim. Cyclic and static behaviors of CFT modular bridge pier with enhanced bracings [J]. Steel and Composite Structures, 2016, 20(6), 1221-1236.

[37] 马敬海. 部分内填混凝土钢箱形断面桥墩抗震性能研究 [D]. 南京: 河海大学, 2006.

[38] 王跃东，高圣彬. 内填部分混凝土箱型截面钢桥墩的滞回性能研究 [J]. 四川建筑科学研究，2012，38(01)：14-18.

[39] 高圣彬，徐旻洋，张大旭. 内填部分混凝土箱型截面钢桥墩的延性影响参数 [J]. 哈尔滨工业大学学报，2014，46(12)：89-95.

[40] 徐旻洋，高圣彬. 内填部分混凝土箱型截面钢桥墩的延性性能简化计算方法 [J]. 河北工程大学学报(自然科学版)，2014，31(03)：9-14.

[41] 王占飞，张海，张敏江，等. 部分填充钢管混凝土桥墩抗震性能的数值分析 [J]. 沈阳建筑大学学报(自然科学版)，2008，15(11)：949-953.

[42] 臧华，刘钊，李红英，等. 钢管混凝土桥墩抗震性能试验研究 [J]. 防灾减灾工程学

报，2010，30 (04)：442-446.

[43] 王占飞，隋伟宁，赵中华，等. 带有横隔板补强的部分填充圆形钢管混凝土桥墩柱抗震性能研究 [J]. 建筑结构学报，2013，31 (08)：233-239.

[44] 王占飞，隋伟宁，李帼昌，等. 水平往复荷载作用下部分填充混凝土圆形钢桥墩柱的力学性能 [J]. 中国公路学报，2015，28 (01)：62-70.

[45] 王占飞，邱国强，刘可，等. 竖向偏心部分填充混凝土圆形钢桥墩的抗震性能 [J]. 沈阳建筑大学学报 (自然科学版)，2016，32 (02)：261-270.

[46] T Sakimoto, Koshiro Takata, et al. Hysteretic Behavior of Inverted L-shaped Steel Bridge Piers Filled with Concrete [J]. Structural Engineering and Earthquake Engineering, JSCE, 2003, 738 (64): 55-66.

[47] T Hirota, T Sakimoto, et al. Experimental Study on Hysteretic Behavior of Inverted L-shaped Steel Bridge Piers Filled with Concrete [J]. Fouth International Conference on Thin-walled Structures (ICTWS2004), 2004: 373-380.

[48] 韩林海. 钢管混凝土结构 [M]. 北京：科学出版社，2000.

[49] 韩林海. 钢管混凝土结构-理论与实践 [M]. 北京：科学出版社，2007.

[50] B G Rabbat, M ASCE, H G Russell. Friction Coefficient of Steel on Concrete or Grout [J]. Journal of Structural Engineering, 1985, 111 (03): 505-515.

[51] Baltay P, Gjelsvik A. Coefficient of Friction for Steel on Concrete at High Normal Stress [J]. Journal of Materials in Civil Engineering, 1990, 2 (01): 46-49.

[52] 高彬. 竖向偏心荷载作用下平面外部分填充钢管混凝土桥墩柱的力学性能研究 [D]. 沈阳：沈阳建筑大学，2016.

[53] Hanbin Ge, Syunsuke WATANABE, Tsutomu USAMI, et al.. Analytical Study on Strength and Deformation Capacity of Inverted L-shaped Steel Bridge Piers Subjected to Out-of-plane Cyclic Loading [J]. Society of Civil Engineering Proceedings, 2003, No. 738/1-64: 207-218.

[54] 王占飞，张霞，李帼昌. 基于延性性能圆形钢桥墩内填混凝土补强填充高度的简易计算方法 [J]. 沈阳建筑大学学报 (自然科学版)，2016，32 (05)：827-837.